成熟大人回嘴的藝術

有人酸你、挖苦、打壓、諷刺你時，與其默默承受，
你要走到對方面前這樣說……

賢く「言い返す」技術

日本知名心理醫生
片田珠美◎著
郭凡嘉◎譯

大是文化

無論是哪一種言語攻擊，都能在本書找到對策！

高姿態、狗眼看人低
…第99頁

愛在背後說人閒話
…第128頁

侵犯隱私…第173頁

以權力欺壓員工
…第122頁

偽裝成友情的敵人
…第155頁

話中帶刺
…第88頁

總是擺出被害者的姿態
…第102頁

過度干涉的父母
…第160頁

CONTENTS

第二章

回嘴之前，要這樣看穿攻擊者的心態

第三章

回嘴的藝術，不搏鬥、讓對方的襲擊落空

第四章

職場言語暴力，要反擊又不能壞了關係

第五章

朋友圈，要技巧性避開麻煩人物

第六章

家人親戚的言語暴力，甚至比仇敵更狠

CONTENTS

第七章

回嘴，是為自己的人生負責

推薦序一
打臉的藝術

——《商周》熱門專欄部落格主　周偉航

多數人知道我，是看到我罵人的網路專欄。因此在許多讀者眼中，我是個言語反應靈巧，開口就能嗆爆人的尖嘴猴樣。不過，尖嘴猴樣或許有，但我的對談能力，不見得那麼靈光。

我其實很少與人「對話」。我的文字產量很高，上課也常一講就四到六個小時，不過寫作與講課的性質都算是「獨白」，並非對話。雖然很多人害怕上台說話，但這其實不難，因為獨白可以事前準備。

我比較沒把握的，是與各類人士的對話。因為那非常隨機，難以預期方向來準備；就像下棋一樣，有時對方突然轉了話題，而你反應不及，就只能「點點點點」，一場尷尬。

當然，有時後我會和人激烈「對辯」，但那是透過文字，和當面的對話不同。就算是雙方吵起來的網路筆戰，通常也有一兩個小時的緩衝期，有時更長達三五天，讓自己能慢慢思考策略、找資料，所以性質比較接近獨白。

那種只有一兩秒反應時間的機智問答，需要全然不同的技巧。這也就是為什麼，我上政論節目時往往插不了話。等想到「梗」時，話題已經跑掉了，而我可能只是因為多想了三秒鐘。

所以大多數的交誼場合，我只是站在一旁聽人講話。我很清楚自己的對話能力不強，所以多半是觀察其他人的言語表現，學習卓越者的對話技巧。除此之外，我也會看各國的綜藝節目，抽選出精采的對話片段，然後反覆推敲他們是怎麼開頭、怎麼回應、怎麼收尾。

這樣學對話，當然相當辛苦，不過現在本書作者已將我知道的多數對話技巧，整理成這本簡單的學習手冊。她不但淺顯說明了重要的對話訣竅，更難得的是，她還兼顧了道德性：不只是嘴砲贏人，而是透過對話的過程，帶領彼此邁向卓越。像是她在婆媳衝突的建議，我認為就非常值得一般人參考。

提升對話能力，對我而言算是工作所需，對你來說，則可以作為人生資本。很多現代生活的困局，都是因為缺乏對話能力所造成：不想回老家過年，因為不知如何應付長輩；也不想面對職場，因為看到長官、客戶就無言以對。

你就算只掌握了整本書的三、五個方法，也能大幅提升自身的對話信心。只要能踏穩第一步，讓自己從不會講到不輸人，甚而能服人，以至於「讓人期待你講」，相信不會花上太多時間。

最後，還是要請大家記得一個重點：**「打臉」並不是要打昏人，而是要打醒人**。對話是解決問題，而非製造問題。學點能幫助別人，又可提升自我的技巧吧。

推薦序二

戰鬥吧！神奇寶貝！

——垃圾文界的一位美少年

「戲如人生，人生如戲」在未出社會前，我總覺得鄉土劇裡演的企業爭奪荒謬戲碼，終究是編劇者窮途末路寫出來的鬧劇，然而在真正踏入職場後，才曉得現實生活往往比一小時的電視劇更來得驚天動地。

剛踏入職場時，我就是個白目青年，整天以為自己可以戰勝一切，當然事情並不是我們想像的那麼簡單。小智當初要從真新鎮出發時，應該也沒想過路途上會有多少兇猛的神奇寶貝在等著他，也不是隨隨便便收集神獸、天王球一丟就萬事ＯＫ。

職場就像是打道館一樣，隨著每關的進階，面對的敵人會越來越難纏，有些應戰的神奇寶貝是採取直接攻擊、張牙舞爪；有的則是看似可愛，殊不知在最後給你來個強力反擊，要成為神奇寶貝大師，可不是踏踏實實的戰鬥就可以。你得提早認識你的敵人，好掌握手中要準備哪顆寶貝球才能成功馴服。

工作了幾年，看過許多形形色色的人，從單純的小助理變成辦公室的老油條，在公司會議的競技場上，總能置身事外在旁默默觀戰，也因是旁觀者，更能看清楚不同主管的面貌。有些是張牙舞爪，有的則是笑臉迎人、背地裡開槍；我常常在想到底是什麼原因，造就這些奇葩在圈子裡闖蕩，是否有些行為其實在一開始，就可以找到徵兆呢？

不了解敵人的人，就像少年PI，乘載在汪洋中的一艘孤舟，只能隨著海浪任意流蕩，由際遇去決定你的生死。但當你擁有地圖跟指南針等求生工具，就會出現實際的方向，進退能更瀟灑自如，減少旅程中的不確定性。

我想這本書對於每個人來說，可以算是一個好好認識潛伏於周遭敵人的入門手冊！一開始，它會先教你如何辨識眼前遇到的荒謬狀況，幫你分類你遇到的究竟是哪種怪物。一旦你知道敵人類型，不管攻擊與守備與否，至少可以隨時保持一種警覺的態度。

認識你的主管，看清你的朋友，才會知道手中有多少武器能去應付，這對我們來說是最好的保護措施。從此便能不因為對方的言語傷害，看輕自己、甚至對自我專業存疑，也能更囂張儻蕩的面對自己的職涯規畫、更懂生態進退的分寸拿捏，減少自己做出笨蛋的自殺行為。

希望大家能藉由本書，進一步思考自己的處境，從而拿手駕馭這些棘手的狀況，提醒自己在往後的人生能有所警覺。最後，祝大家成功收服不時出現在生活周遭裡的神奇寶貝！

作者簡介

身為上班族，以負能量爆發的心情寫作經營粉絲團「垃圾文界的一位美少年」，對時事的關注，混合職場的抱怨，配合大量的諷刺截圖表情包，為現代怨男怨女提供一絲療癒。

前言
你手持武器備而不用，才得從容

你一定有過這種經驗：同事或朋友對你說的一句話，看似無心，卻總是纏繞心頭；公司裡不講道理的主管，老是沒來由的斥責大家，導致工作氣氛非常凝重；家人或伴侶少根筋的發言，讓你感到受傷，但對方卻沒有發現。

遇到這些狀況，多數人只會保持沉默、靜靜忍耐，或者以苦笑來應對，無計可施，任憑對方擺布。

如果像這樣什麼都不做、忍氣吞聲的話，對方的言行舉止只會更變本加厲。**在這個世界上，確實有人並不符合「人性本善」這種觀點**；他們非常有攻擊性，不會設身處地去理解他人的痛苦。

如果遇到這種人，被他們當成攻擊目標，你很可能就會被當成對方練拳用的沙包。

我是名精神科醫師，每天都會接觸到患者，很多人遇到言語攻擊時，只能忍氣吞聲，想當然內心便累積了許多負面情緒，最後導致身心狀態惡化。「對於他人的攻擊，千萬不能毫不抵抗。」這是我想大聲疾呼的重點。

如果對方踐踏了你的心，你卻什麼都不做，這其實就代表你毫不重視自己。在緊要關頭時，希望大家不要猶豫，要懂得保護自己。

明明很想反駁，一時之間卻說不出話來；雖然不甘心，卻只能保持沉默；對於所有曾經歷過這種經驗的人，本書就是要**傳授你們在被對方言語攻擊時，能聰明回嘴**、不再黯然神傷的技術。

首先，我們要脫掉對手心理的外衣，讓他們赤裸裸的呈現出來。接著，再來假想一下在日常生活當中，實際會發生的各種「攻擊」場面，並介紹能應付這些狀況的有效對策。

回嘴的招數，必定會成為你在建構愉快的人際關係時，不可或缺的有力武器。甚至還能成為最佳擋箭牌。

「在這種時候，原來可以這樣回嘴啊！」只要知道這一點，必定能以一顆更從容的心與他人相處。**手持武器，卻備而不用，會比手上什麼武器都沒有的無防備狀態，更讓你安心。**

第一章

言語攻擊的八種類型

「為什麼他要這樣對我說話？」

「真不敢相信我會遇到這種不公平的事，簡直就是莫名其妙。」

在任何地方都有具攻擊性的人，或是喜歡惡言相向、酸你的人。

碰到這些人，就像遇上不可理喻的怪物。

當你遭受這種人的言語打擊時，心緒會一片混亂，在愣住的當下，變得無法及時做出任何反擊。然而，以結果來看，沒反應便等於失敗、退縮。

如果我們去分析這些具有攻擊性的人，會發現他們其實不是什麼怪物；他們和你一樣，都只是普通人。不僅如此，他們比被攻擊的人，擁有更脆弱的一面。

沒錯，**越會攻擊他人的人，越抱持著恐懼、不安，脆弱的一面**。所以，他們才會向外攻擊——如果能明白他們的心理，想對策就變得容易多了。你可以不帶恐懼的向他回嘴、反駁。

戰鬥的首要條件，就是要知道對方的心理。

高壓、炫耀、帶刺……八種攻擊類型

不管是在職場或朋友圈，都充斥著許多會攻擊他人的人。這些人究竟是如何對他人張牙舞爪的？儘管每個人的個性各不相同，但如果我們針對許多個案，從心理層面來觀察的話，可以歸納出幾種不同的模式。

事實上，這些會攻擊的人，大致上可分成八種類型。

說到這，我相信現在浮現在你腦海中的那個討厭鬼，一定也符合以下八種類型的其中一種。當然，根據不同個案，他很可能擁有不只一種的心理狀態。

以下，我們就把這幾種類型的攻擊特徵，做簡單整理。

❶國王型

他們對人說話時，總是用一種**命令式的高壓語氣**，老是散發一種「我跟你們這些人不一樣」的高傲、自大態度，希望別人能遵從他的意思。

❷沒穿衣服的國王型

這種人只說跟自己有關的話題。無論是過去的豐功偉業，或是獲得什麼好評，總之就是**滔滔不絕的炫耀自己**。如果有人說出和他不同的意見，他就會有激烈的反應，並加以批評。

❸羨慕、嫉妒型

這類人所說的話或是批評，往往會一刀刺入人心。如果你刻意冷淡、無視他，他雖然不會採取積極的攻擊行動，但他會讓你一點一點、慢慢感覺到他之後每一句話帶來的痛楚。**這種人通常都是朋友或同事等，和你擁有對等關係的人。**

❹ 大少爺型

如果有什麼事**不順他的意**，就會像小孩子一樣發脾氣、鬧彆扭、不停抱怨。他會說：「誰叫你不照我說的去做，明明就是你不對！」把**錯都推到別人頭上**。如果你不接受他的要求或希望，他絕對不會輕易善罷甘休。

❺ 悲情女主角型

老是抱怨或說負面的話，營造出「我很可憐」的形象。如果你好心給他建議，他也不會聽。他們容易**對一些小事過度反應，總覺得自己是受害者**。並且，他們完全不覺得自己的行為，已經令對方感到厭倦。

❻ 轉移目標型

對他人非常小的失敗，或是**不足掛齒的小小錯誤，總是過度憤怒**。這種人生氣的沸點異常的低，讓人覺得：「為什麼他對這種小事這麼生氣？」而且他會把你當成壞人，嚴加指責。

❼過去有陰影型

這種人會對你沒做錯，或是完全不記得的事發脾氣，甚至會毫無道理、不分青紅皂白的發動攻擊。常常令人無法理解為什麼他們這麼生氣、為什麼突然採取冷淡的態度，又為什麼會這麼嚴苛的與你作對。

❽施虐者型

這種人會一味的採取暴力的言行舉止。如果看不到對方表現出受傷的反應，就不會停止攻擊。根據不同的狀況，可能還會動手施暴、或是摔東西等。

接下來，我們將具體揭開這八種類型的人所隱藏的心理狀態。只要能了解這些隱藏在攻擊背後的心理問題，自然能找到許多對策，幫助我們從問題中脫身。

1 口氣都像下命令，問話像是控制狂

國王型的人，會採取如同國王般的高壓態度，言行舉止都展現出想支配他人、希望能按照自己意思進行的欲望。

比方說，職場中的主管，就相當多這種國王型的攻擊者。他們會過度的以高姿態發言，並**對他人微小的過失發不必要的脾氣**。

事實上，越會這麼做的主管，對自己的工作能力或職位就越沒自信。

如果一個主管在工作上累積了明確的實績，並在該職位待了相當長的時間、且獲得部屬的信賴，是不會做出以上那些行為的。

三十多歲的C先生，正在煩惱與新任主管之間的關係。

他過去的主管，在**交辦工作給他時**，對小細節並不會有太多的指示或干涉，但新主管卻會**對細節一一發表意見**。

「這個你做了嗎？那個你用了沒？」主管會針對每件小事反覆詢問，只要

你有一件事情還沒做，他就會開始激動。

這位主管和C先生才差兩、三歲，擔任管理職也才短短幾個月的時間。而他之所以會出現這些舉動，說穿了，就是因為缺乏自信。

我曾經任職於某大企業的保健室，當時我就發現，剛當上部長或董事的人，走路時肩膀都很緊繃。

如果是長期位居高階職位的人，並不會有這種動作。因為他們比較有自信，也知道若因為不必要的小事就虛張聲勢，會亂了陣腳，甚至導致組織運作的不順暢。

言行舉止非常高壓，並且想掌控他人的人，弱點就在於，他們認為如果無法掌握狀況，「自己就會被瞧不起」、「優勢可能就保不住了」。

由於缺乏自信，所以會不安、覺得大家都不尊重他，甚至抱持恐懼感，不知道自己的地位什麼時候會遭到威脅。因此，才會對人採取強勢的態度，命令部屬，試圖**以掌控的行為來換取心安。**

因為恐懼，所以發動攻擊，這不僅止於工作的場合，在其他地方都有可能發生。

寫下《君王論》的義大利文藝復興時期政治思想家馬基維利（Niccolò di Bernardo dei Machiavelli），曾經這麼說：「人類出於恐懼和憎恨的心理，會做出偏激的行為。」

因為害怕，所以口出惡言；因為不安，所以專橫跋扈。

因為沒有自信，所以採取高壓的態度來虛張聲勢。

因為想誇示自己位居上位，所以過度的嚴加指責。

這種人之所以想掌控他人，根源皆來自於缺乏自信，不知自己何時會被威脅、取代的恐懼心理。

2 老是重提自己得意的事，不容反駁

沒穿衣服的國王，喜歡滔滔不絕的吹噓得意的事，以自我為中心行事。這種人的最大特徵，是非常自戀，以及想被認同的欲望。也因此，他們希望別人能認可自己的能力，並習慣誇耀自己的優勢。

曾有一位新主管，他不願意遵照過去的工作方式，而企圖強迫部屬按照自己的方法做事。

儘管有人認為：「我們好不容易已經習慣之前的方法了。」但新主管為了顯示自己比前任者還優秀，並想以自己的方式提升業績，以獲得上層的讚賞。但是，因為他不顧旁人的意見，強硬推行新政策，最後仍然招致失敗。

為什麼他會這麼希望自己能夠得到認同呢？因為他覺得自己不曾得到他人的贊同。會把這種想法表現在言行舉止上的人，其實就是沒穿衣服的國王。

如果一個人持續且確實的做出成果，並且獲得大家的肯定，或是有自信的人，是不會因此而自誇的。比方說，獲得奧運金牌的人，不會成天到處嚷嚷：

「我得金牌了！」他們不炫耀，是因為眾人肯定得獎這件事，並且也認可獲得金牌的人。

所以在某種意義上，越是半吊子的人，越會露出希望自己能得到眾人認同與肯定的欲望。

沒穿衣服的國王和國王型的名稱十分相似，但兩種類型的本質卻完全不同。如果比較這兩種人，國王型的人其實比較危險，因為他們會企圖掌控、支配他人。以這點來看，**沒穿衣服的國王算是比較無害**，他們由於強烈的自戀，總是在傳遞「快認同我、快肯定我，我可是非常棒的」訊息。他們希望被大家認可、希望獲得掌聲、希望被稱讚。換句話說，也就是想展現自己而已。

打個比方來說，這種沒穿衣服的國王型，就和孔雀很相似。孔雀開屏往往給人一種，「快看我、快看我！」的感覺。但他們並不知道，其實自己已經被人看破手腳。儘管周遭的人已經厭煩，覺得：「又來了，又在講那些事！」但本人絕對不會察覺，仍會滔滔不絕的炫耀個不停。

大家都已經發現他們其實是缺乏自信，說不定還會認為：「那個人在某種程度上來說，其實還滿可悲的。」不過，他們連這種事也察覺不到。

3 說話會「騎」人，就是要把你比下去

羨慕、嫉妒型的人，會隱藏起陰險的嫉妒心，緩緩的發動攻擊。

不知道大家有沒有聽過「排名女子」（Mounting 女子）這個日文新名詞？

Mounting 的原意為哺乳類動物性交時，一隻跨騎在另一隻身上的動作，展現動物之間地位的優越性。現在已經引申到職場中，指**總是拿周遭的人和自己做比較，並覺得自己位居上風的女性**。

「我身高比較高，所以比她更適合那件衣服。」、「我男朋友比她男朋友收入還高。」藉此一較女性之間的高下。

不僅是女性，許多人都會藉由和他人比較，來確保自己的地位。我就曾經從某企業負責面試新進員工的主管口中，聽過這樣的事：

「當來面試的大學生聚在一起時，就會開始分高下。這些人，如果沒有把自己排出個前後，似乎就無法安心。

在團體面試時，如果讓他們五、六個人一組自由討論，大家就會爭第一，一口氣向前衝。

但當中仍然會出現跟不上的人，或是一開始就掉到最後一名的面試者，最後只好抱著滿腔不滿而歸。在規定的四十分鐘內，自由討論就跟排順位的鬥爭沒什麼兩樣。

不過，如果你問我為何不錄用在鬥爭中取得第一的學生就好，但人事又沒這麼簡單。所以隔年，這個自由討論的面試項目就被取消了。」

像這樣，只要幾個人聚在一起，每個人便想確認自己在團體中的排名究竟在哪裡。**如果知道「自己至少比那個人還上面」便感到安心**。如果無法排順位，就無法安下心來。而對於排名在自己上面的人感到羨慕，便是世人的可怕之處。

十七世紀的法國貴族拉羅什富科（François VI, duc de La Rochefoucauld）曾經說過：「**所謂羨慕，就是由於無法容忍他人的幸福所產生的憤怒**。」

前陣子有位日本女演員，在參加女兒幼稚園的入園典禮時，穿了一百萬日圓以上的套裝出席，卻被其他家長在背地裡說：「還真不會看場合。」而這正是一種自覺排在他人下位者，所懷抱的羨慕、嫉妒感。

值得令人深思的是，正如我們可以從「Mounting 女子」這個名詞看到的，**唯有和他人比較，才能確認自己地位的傾向，在女性身上更強烈。**

比方說，如果是家庭主婦，經常可以聽到以下對話：

「他們家老公，不久之後好像要升部長囉。」

「他們家的小朋友，好像要進那所高中喔。」

「聽說他家年收超過一千萬呢！」

主婦們都想藉由丈夫的成就或收入、孩子的學校或成績等，來獲得他人的認同。

如果是男性，只需要依照在社會上的成就與收入，排序便能一目了然。然而，女性靠的不光是自己，連丈夫的社會地位或小孩的學校等，也會影響到排名順序。

在 Mounting 女子這個名詞誕生的背後，也潛藏著物質世界特有的複雜人際關係。

4 要人伺候，否則大家善後有得受

大少爺型的人，特徵就是非常任性，認為大家理所當然都要接受他的要求，以為自己像小孩一樣能有求必應。如果是小孩子，也就罷了，但若是大人還有這樣的行徑，只會讓人搖頭。

他們在自己的要求不被接受，或是事情無法如願時，就會攻擊他人。而這種攻擊，和小孩子一邊哭鬧著：「買玩具給我！」一邊揮打拳腳、耍脾氣一樣。因為他們認為：「我受到特別待遇是理所當然的。」、「我的要求本來就應該無條件被接受才對。」

這類型的人假如到餐廳，會覺得自己應該被帶到最好的位子；如果去飯店，即使消費金額沒有比別人多，也會要求升等住好房間；在職場上，若工作被指出錯誤，他會突然發起脾氣不做事（擺爛），或是採取反抗的態度。

這種人因自尊心太高，所以無法接受旁人的警告或建議。即便是正確的指責或意見，他也會認為「明明都是別人的錯」、「我沒有錯」，而向外攻擊。

他們有非常強烈的自戀及特權意識，之所以出現這樣的言行舉止，可能是因為在從小生長的過程中，無論做任何事，總是能被父母及周圍的人所接受。所以他們不懂得腳踏實地的努力，也很害怕面對挫折。

尤其是他們的母親，對他們非常姑息且寬容、百依百順，養成他們即使出社會，仍覺得所有人都會聽自己的話，甚至非按照自己心意不可。

以我自己的經驗來說，很多大醫院的第二代繼承人，都屬於這種類型。照理說，為了繼承醫院、成為院長，必須先取得醫師執照，所以經營醫院的父母，便會想盡各種辦法讓孩子進入醫學院。但如果本人不努力，就算能入學，仍然無法畢業。

也因此，大少爺型的醫院富二代，在重考了好幾年又留級後，雖然好不容易取得了醫師執照，但到一般的醫院卻毫無用處，只好以未來院長的候補身分，到父母的醫院上班。

他們雖然只是新進人員，看門診時卻會老神在在的遲到。即便這些行為令周遭人感到困擾，但他們卻覺得：「這沒什麼啊。」比方說，可能只是因為剛好有想看的足球比賽，所以就請假不去門診了。

5 楚楚可憐的攻擊你

或許你會覺得不可思議，但在這世界上，有些人非常喜歡扮演弱者及受害者。他們喜歡偽裝成一種脆弱的存在，除了受到大家的庇護之外，還想對自己討厭的人發動攻擊。而這種人當中，又以女性居多；也可以說，或許她們都想成為「悲情女主角」。

舉例來說，我曾經聽過一名擔任部長職位的男性，提過這麼一件事。

他有一個二十多歲的女性部屬，在工作時間經常玩手機，再不然就是頻繁的去上洗手間等，找藉口離開座位，看起來總是心不在焉。就連負責的書面資料，也經常出現低階的基本錯誤。

於是，部長便將該部屬叫到面前，告誡她：「是不是應該思考一下自己面對工作的態度？」沒想到，她竟然當場哭出來，並說：「我覺得自己工作很認真……」

由於哭泣的舉動太出乎預料，以致部長什麼話都說不出來。儘管如此，部屬還是抖著肩膀哭個不停。其他員工都以為部長過分嚴厲的斥責她，並對此投以責難的眼神。

過了一會兒，另一位女性主管看不下去，便走過來問道：「發生什麼事？」該女性部屬見狀，「哇！」的一聲，哭得更厲害。這時在她腦裡已經形成一種構圖，認為：「我是受害者，部長是攻擊者，女性主管是可以幫助我的庇護者。」

自從那次之後，這位部長只要傳達工作上的指示時，她都會做出非常害怕、畏懼的反應，使部長必須小心翼翼的對待她。

之後，部長和該部屬之前的主管談到這件事，沒想到前主管卻說：「哎呀，她又來了啊！她從以前就是這個樣子，只要稍微說她一下，就馬上哭，大家還以為我在欺負她。所以後來再也沒有人敢跟她說什麼，已經是慣犯了。每個主管到最後忍無可忍，就會把她調到其他部門。」

這種**悲情女主角，會對周遭人說的話過度反應，並且表現出一副「我被攻擊了，對方太過分，我好受傷」的姿態**。她們會露出「我很可憐」的樣子，試圖吸引同情，並裝成受害者。也就是說，**她們會藉由得到周遭的同情心來獲得**

快感。

這種人在平時會醞釀一種陰沉、黯淡的氣氛，臉上經常掛著憂鬱的表情，如果有人問她：「怎麼啦？」、「是不是發生了什麼不好的事？」她反而會開心的回答：「對啊，其實……」來藉機對人吐露心事。但所謂的「心事」，通常都是一些抱怨或不滿。

然而，就算你聽了抱怨，想對她提出意見，她也會反駁：「可是……」來展現自己更不幸的姿態，打消旁人給的建議。

她們很喜歡扮演「脆弱的我」以及「我是受害者」。因為她們認為只要站在這種立場，就能得到關心，並且能永遠獲得大家的守護。所以，無論你提出什麼意見，她們都不會接受。

最麻煩的是，她們會一面不停告訴大家「我很可憐」，一面把這當成攻擊他人的藉口：「我這麼可憐，稍微攻擊你們一下也沒關係吧？」用脆弱讓對方無法反擊。

6 平常溫和，對店員、服務員卻很兇

轉移目標型的人，會把暗藏在內心的不滿與鬱悶，搬到不對的出口，並攻擊毫不相關的人，藉此發洩情緒。

在某巴士公司，負責處理客訴的員工曾經說過這麼一件事。一位巴士司機，在每位乘客下車時，都會禮貌的說：「謝謝您的搭乘。」

但是有一次，他卻不小心對某位客人漏說了這句話。或許是因為錯失時機的關係，乘客當下並沒有對司機說什麼，但之後卻打電話到公司抱怨。

在這通客訴電話中，該乘客花了好幾個小時，不斷抱怨：「為什麼他對其他乘客都有說『謝謝您的搭乘』，但偏偏就是不對我說？」

承接這通客訴電話的人員，忍不住說道：「為了這種事，有必要這麼生氣嗎？我真是無法理解。只要遇到這種事，就會覺得工作很辛苦。」

近來，這種莫名其妙、刻意刁難的客訴，比以前增加許多。

巴士司機只是沒說「謝謝您的搭乘」，乘客就如此激動與憤怒，說穿了，

其實巴士事件，對他來說只不過是一根導火線。

我猜想，這名客訴的乘客一定在別處，也許是在家庭或職場中，累積了大量的挫折感。可能在家裡無法獲得家人尊敬，也或許是在職場中被部屬當成傻瓜。這時，再遇到巴士司機沒對他說「謝謝您的搭乘」，便讓他爆發了。

如果在日常生活中，心裡沒有累積壓力的話，即使遇到司機沒有向他道謝，應該也不會打電話到巴士公司客訴，發脾氣抱怨好幾個小時才對。

這種人會把平時累積的壓力和挫敗感，發洩在別的地方。

事實上，這類型的中年男子處處可見：在家裡，太太不聽他說話，也不把他當一回事，不僅如此，甚至還抱怨連連；到了公司，主管又對自己劈頭就罵，他們根本沒地方可以宣洩壓力。

不過，另一方面，這世上也有許多擅長調節壓力的人。比方說到居酒屋喝一杯，和朋友說說另一半或主管的壞話，這就是一種紓壓方法。**雖然抱怨、說壞話是一種十分缺乏生產力的行為，不過對於減輕壓力卻非常有幫助。**

然而，無法妥善處理壓力的人，只能把壓力轉移到比自己弱勢的對象，藉由轉移目標，發洩出來。

在新聞中經常可以看到路人遭到暴力攻擊的報導，其實這也是同樣的道理。像車站站員、便利商店或超市店員，他們無法對客人做出明顯的反抗，因此轉移目標型的人，就會利用這種優勢，攻擊他們。

7 受氣包熬出頭，變身霸凌者

過去有陰影的人，對他人的攻擊方式，就是想讓對方體會自己也曾經歷過的恐懼。這種陰影，是他曾經被攻擊時感受的恐懼及無力感。

為了克服陰影，他們想出來的辦法，就是去找比自己脆弱的人，讓他們也遭受自己曾經遭遇的事。

這在精神分析的世界，即是佛洛伊德的女兒安娜・佛洛伊德所說，「與攻擊者同化」的機制。例如受虐的孩子，長大後一樣會虐待自己的小孩，甚至還會把自己遭受的家庭暴力，以同樣的方式對待弱者，這便稱為與攻擊者同化。

我們在小孩的世界裡，同樣可以看到這種攻擊者的同化行為。

被欺負的小孩要如何克服這種痛苦呢？他們會去找比自己更弱小的孩子，欺負他們，來治癒他們被霸凌而受傷的心。

當然，在大人的社會、職場當中，也有這樣的人存在。例如在剛進公司時，曾經被上司怒罵：「你在搞什麼！可別太過分！」一旦職位往上升，他也會和以前的前輩一樣，對部屬大吼：「你這傢伙到底在搞什麼！」對下面的人，做出和以前的上司完全相同的行為。

無論在任何組織中，都能找到一、兩個這種人。在公司、政府機關、醫院，甚至大學裡面都有。

在一部與上班族有關的日本電視連續劇《半澤直樹》中，便出現令人印象非常深刻的配角。劇中之人事部次長，每次把部屬叫來問話時，會一直不停的碰、碰、碰敲著桌子，以此發動攻擊。當時在綜藝節目，甚至還有人模仿他，成為一時的熱門話題。

像這樣的人，就是典型把過去的陰影，強壓在他人身上的人。他們在年輕時，想必也遇過會對他說嚴厲的話，並碰、碰、碰的敲著桌子的上司。

這種人對部屬來說很恐怖，不過在某種意義上，他們也算是脆弱的人。因為他們沒辦法處理自己被攻擊時的無力、恐懼與不安；無法處理，所以才將矛頭指向比自己弱勢的人。換個角度想，甚至可以說，他們是可憐人。

不過，儘管如此，我們也不能因此而產生憐憫、同情。如果同情他們，攻擊的連鎖效應便會無止盡的持續下去。

話說回來，欺負與霸凌也是同樣的道理。**通常會欺負人的小孩，大多也都曾經被人欺負過**。他們藉由攻擊、霸凌別人，來獲得報復的快感；最弱小的，就只能一直被欺負，最後在精神上走入絕境。

像這樣的事，無論是在職場或學校都層出不窮。**攻擊是一種從上到下的連鎖**，所以我們必須想辦法，來制止這種負面連動。

8 施虐者：虧人、酸人、傷人得到愉悅感

會透過傷害他人來獲得快感的，就是施虐者。有施虐傾向的人，會藉由傷害他人，看到對方因受傷而哭泣、或是受苦的模樣，從中得到某種愉悅感。

現代社會存在著一定比例的虐待狂，喜歡破壞、傷害他人、使他人哭泣。然而，我們無法改變這個事實，因此只能想辦法辨別對方是不是施虐型的人，並盡量避開他。

我們在新聞看到的異常殺人事件，在這些案例中，犯人是施虐者的比例非常高。先不說這麼極端的例子，我相信許多人都曾遇過一種人，他們不光只是嘴巴說，只要情緒一激動起來，甚至還會丟東西、動手動腳；例如一生氣就會拍桌子的主管。當他們看到對方的情緒動搖，就有一種通體舒暢的快感。

我聽說朋友的公司裡，就有一位疑似有施虐傾向的人。

這位朋友從事業務的工作，不過業績不太理想，每天很晚才回到公司。等到終於可以坐下來時，施虐型的上司便會裝作有事，故意經過他的辦公桌，並

用力踢他椅子。因為椅子是附有小滾輪的移動型，所以被踢了之後，人並不會翻倒，但衝擊力道卻很強。

「哎呀，抱歉啦。」雖然主管嘴巴上會道歉，但他就是故意的。因為這樣的舉動，已經重複了非常多次。

朋友告訴我：「而且他的眼神非常恐怖，我覺得他看到我露出害怕的表情就很開心。我光想到他的眼神，就覺得好可怕。」

還有另外一個例子。有位女性由於婚後發福，變胖不少，丈夫便經常對她說：「太胖了吧？」、「快去減肥！」她試過許多減重方法，仍不停復胖。

某一天，女性的哥哥到妹妹家拜訪，當他們一同用餐時，妹夫不停聊到電視上某位肥胖的藝人，並且語帶刻薄的批評：「這麼胖、又這麼醜的人，怎麼可以上電視啊？」、「要不要我乾脆寫信教他減肥的方法算了！」

接著，妹妹便走進廚房洗碗。哥哥悄悄走進廚房，想關心一下妹妹的狀況，沒想到卻看見她臉上笑容盡失，悲傷的低著頭，緊緊咬著嘴唇。

這時哥哥才發現，原來妹夫只是為了欺負妻子，才批評電視上肥胖的藝人。這令他啞口無言，不知該說什麼才好。

第二章

回嘴之前，
要這樣看穿攻擊者的心態

1 千萬不可做出攻擊者期望的反應

前一章，我們介紹了八種攻擊的類型，然而在現實生活當中，如果實際遇到這些人的言語抨擊，又該採取什麼行動來應對？

如果有人對你說一些過分的話，或是用高高在上的態度藐視你，這時就必須為自己的心靈採取急救措施。

因為**會攻擊他人的人，總會想確認對方是否真的受到傷害**。

比方說，如果對方說了諷刺、挖苦的話，他想看到你為此感到生氣或受傷的模樣，或是侮辱你之後，想看你受傷而哭泣、憤怒的樣子。

這時，**你千萬不可做出他們期望的反應**，因為這麼一來，你就淪為他們的最佳獵物了。

特別是前一章分析的施虐者型，他們抱有想要破壞、傷害他人、讓他人傷心、哭泣的欲望，所以絕對不能給他們攻擊上的成就感與滿足感。

詩人寺山修司曾說：「清醒的憤怒吧」，這實在是一句至理名言。

即便遭受對方攻擊，一旦自己也變得情緒化，與對方站上同一個擂臺的話，就正中下懷了。所以，我們必須冷靜、清醒的憤怒，並反擊。

總而言之，切勿與對方站上同一個擂臺，重點是要保持冷靜與清醒。

如果不想成為對方練拳的沙包，你必須有這種心理準備。

2 看攻擊者，你要從上往下

如果我們要清醒的回嘴，最重要的是得分析對方為什麼會說出這種話。你必須看清對方的情緒。因此，必須先知道他是屬於哪種類型的人。

舉例而言，經常說：「那件衣服雖然很可愛，可是明年就退流行了吧。」這種女性就是屬於羨慕、嫉妒型。如果會提出不講理的命令：「總而言之，就是要照我說的去做！」這種上司便屬於國王型。你必須能當場做出這種分析與判斷。

為了能做出分析，不被狀況與攻擊制伏，你得冷靜的觀察對方。

例如在前一章提過的，向巴士公司提出客訴的轉換目標型。事實上，這類型的人是很寂寞的。如果他的心靈能獲得滿足，絕對不會花好幾個小時，在電話中客訴、抱怨連連。

當你聽到對方滔滔不絕的埋怨，或許會覺得自己陷入形勢不利的狀況，但如果你能夠想：「這個人不但時間多、閒著沒事做，而且還很不幸。」心情多少也能變得比較輕鬆。

也就是說，要勾勒出從至高點向下看對方的格局。

這麼一來，說不定你還可以說出：「我了解您的心情，這件事就到此為止吧。是否能容我先處理其他事情呢？」為這段客訴畫上休止符。

由衷感到幸福，並且滿足、愉悅的人，是不會去攻擊他人的。只有心靈空虛、心態扭曲變形的人，才會攻擊他人。

所以如果有人老是用言語酸你，你要告訴自己，那些會這樣做的人，都是因為內心無法被滿足，很不幸。

要當場分析對方性格，或許是件困難的事，不過如果他是公司同事或身邊的人，便能比較容易在日常生活中，觀察出他們是屬於哪種類型的人。

遭到攻擊，首先必須冷靜下來思考：「這個人為什麼會說出這種話？」接著，再深呼吸；先吸一大口氣，再慢慢把氣吐出來。如果想鎮定激動的情緒，深呼吸非常有效。

3 切割出一條情緒界線，不容攻擊者越界

在遭受他人攻擊時，千萬不要覺得「這一定是我的錯」、「都是我不好」。

會抨擊人的，通常都會使用讓你有罪惡感的說法，例如：「這都是你的錯，就是因為你有不好的地方，所以我才這樣罵你，或是這樣用力的敲桌子。」但是，這是對方的戰略，所以千萬不能上當。

當然，如果是自己做錯，的確必須反省並加以改進，但請別毫不猶豫的就覺得全都是自己不對。因為對方可能是因為欲求不滿，或是壓力太大，把情緒發洩在你身上而已。

在面對有攻擊性格的人時，重要的是在對方與自己之間，畫一條分界線。

我們在前一章提過的悲情女主角型，他們會裝弱者，嘴巴上說：「我真的很可憐」、「因為我很慘、因為我是弱者」之類的話去攻擊他人，甚至覺得這樣做，大家就會寬容他。如果遇到這種人，切記千萬別陷入他們的情緒之中。

請告訴自己：「**你的情緒和我的是兩碼子事。我和你是兩個不同的個體。**」一定要明確畫出與對方之間的界線。

舉例來說，對方因為憤怒而張牙舞爪，激動的怒吼；或是流下大顆大顆的眼淚，以一種悲哀、彷彿是受害者的表情，向你訴求；又可能是刻意經過你身邊，像隨手丟垃圾一樣，吐出諷刺的話後隨即揚長離去。

無論他們如何憤怒、發狂的吼叫，或是怎樣哭天喊地，甚至說出非常惡毒的話，這些攻擊在侵入你的內心之前，都要讓它們在空氣中消失。

你得讓自己襲罩在強力的保護罩底下，接著，就可以冷靜的從至高點，向下觀看對方。

這麼一來，攻擊者的情緒，便會是只屬於他們自己的東西。同時也請別忘記，**你的情緒始終也只屬於你自己。**

4 不論如何你都要正視對方，讓他知道你不逃避

儘管前面說了這麼多，但實際遭受他人的言語暴力時，不少人還是無法保持冷靜與清醒，因驚嚇而當場愣住。也許在當下，身體會做出自然反應——臉上浮現「我受傷了」的表情；什麼話也說不出來；有人甚至還會哭泣。

對方可能因為你的反應而小看你，也會得寸進尺的認為：「你以為哭就沒事了嗎？」

經常有人向我諮詢這類問題，他們問我：「當自己遭到他人攻擊時，該怎麼做才能克制情緒？」我反而認為，遇到這種狀況，最好不要壓抑自己的情緒，讓它發洩出來比較好。

因為**被逼到懸崖邊的人，一開始是不會把情緒爆發出來的**。他們表面上看不出情緒，只會沒表情的垂著頭。但如此累積下來，在過了一段時間後，便會逐漸對身體產生影響，甚至使人病倒。不表現情緒，便會失去情感的出口。

寺山修司曾在著作中寫道：「憤怒就像一種排泄物，如果在肚子裡囤積到一定的量時，無論如何都必須把它排出來。」

如果你沒辦法克制情緒，請慢慢的、一點一點向外丟吧。

當你表現出情緒時，或許會覺得：「這下子對方就會瞧不起我了。」但是，儘管在這種時候，你也必須抬頭挺胸，勇敢正視他。

即使哭泣，也必須看著對方的臉；儘管全身僵硬，什麼話都說不出來，還是要凝視對方的眼睛。你要表現出「就憑這幾句話，我是不會怕你」的態度。

當心情平靜下來後，就可以用下一章介紹的話來反駁對方。

重點是，無論對方如何酸你，都要告訴自己：「我現在就是在累積經驗值。」、「今天他又讓我累積了一次經驗值。如果我累積到一百次，就無敵了。」

反過來說，沒有這種經驗的人，相對也比較脆弱。

5 只要忍耐，總有一天會變好——別傻了

對於那些會攻擊、迫害、懷抱惡意甚至異常的人，你根本不必覺得「希望能讓他喜歡」或是「希望能被他認同、肯定」。儘管這明明就是一件理所當然的事，但事實上，**許多人都無法捨棄——希望能被大家認為是好人的欲望。**

當然，如果對方的言行舉止都很得宜，且非常有禮，那麼我們也理當給予相對妥善的應對方式和態度。但是，對於不講理的上司，或**總是用沒什麼大不了的語氣傷害你的朋友，沒必要以和善的方式對待他們。**

在內心深處，你是否堅持著一定要讓所有人都喜歡你、希望你是好人，因此覺得無論是誰，都要很親切的對待呢？你是否對可能會被他人討厭，對於被眾人排斥，感到不安、害怕？

事實上，許多人就是因為有這些不安，才採取謙卑的態度。比方說，就算被他人欺侮，也笑瞇瞇，甚至認為只要忍耐，總有一天對方的態度就會改善。

但是，現實並非如此。文藝復興時期的哲學家馬基維利，曾在《論李維羅

馬史》提到：「根據不同的場合與狀況，有時候偽裝成其他人格，何嘗不是一件明智之舉。」

也就是說，我們並不需要永遠都當一個好人，有時候，暫時變成另一種人格，才是比較聰明的舉動。

對於會傷害自己的人，你沒必要當好人。我甚至必須說，別當好人當過頭。如果有些人攻擊你、酸你，甚至看到你痛苦的樣子，還會覺得愉快，你還奢望這種人覺得你是好人嗎？

6 越想當好人，越先遭到毀滅

人常說要有謙虛的美德，但是，別期待自己的謙卑態度，或是有禮的應對，能使對方有所改變。在社會上，有些人確實是無法用「性善論」去解釋他們的言行舉止。

馬基維利曾說：「一個人如果相信只要抱持著謙讓的美德，就能戰勝對方的妄自尊大，那麼他必定會落入犯錯的陷阱之中。」

請不要認為，只要有謙讓的美德，就能擊敗那些會攻擊別人的人。

如果你覺得謙讓能使對方改變的話，自己反而會先遭到毀滅。比方說，施虐者型的人，會對那些毫不抵抗，甚至不回嘴的好人，伺機發動攻擊。

對任何人都友善、親切的濫好人，越有可能被當成攻擊的目標。我再強調一次，性善論不適用於某些人身上。

在我的患者當中，有些人就具有相當的攻擊性。他們認為自己是患者，所以無論做什麼都能被原諒，因此在住院期間對看護人員性騷擾，或是口出惡言。有的甚至還會動手動腳、施暴。即便遇到這種狀況，我仍會以醫師的身分，明白告訴他們：「請停止這種行為。」

過去，某位病患曾在住院期間多次性騷擾醫護人員、發生言語暴力等行為，而遭到強制出院，出院後又因身體狀況不佳，常叫救護車。讓人驚訝的是，當救護車抵達時，他竟然憤怒吼叫：「這麼慢！」並且毆打急救人員。最後，該患者以傷害罪遭到逮捕。

正因為有這些案例，所以當我們遇到這種狀況時，更需要採取毅然的態度才行。

7 用多重人格生活，你的個性稜角會變圓

個性是一個人的本質，無法改變太多。如果不碰到生死交關的決定性事件，就像「江山易改、本性難移」這句話一樣，是很難改變的。

但是，人卻可以改變自己在別人眼中的模樣。

我希望大家不要忘記前面提到、馬基維利說的那句話：「根據不同的場合與狀況，有時候偽裝成其他人格，何嘗不是一件明智之舉。」

儘管人的本質無法改變，卻能偽裝成其他人格。

話說回來，我們無論任何人，在某種意義上，都可以說是擁有多重人格。不管是誰，在一個人面前，會偽裝成某種人格；到另一個人面前，又偽裝成另一種。

在公司是一種個性，和朋友相處則是另一種，到家人面前，又會有不一樣的性格，每種人格皆有所不同。例如，在部屬面前擺足架子的中年男子，回到家卻必須低聲下氣的討老婆歡心。這種例子並不算少見。

人類就是這樣，在日常生活中會分別使用好幾種不同的人格。請對這樣的事實抱持肯定的態度，也就是說，請以超多重人格生活。

所謂多重人格，是指有幾個人格呈現三角形或六角形等形式存在，所以稜角變得顯眼。但相對的，如果是超多重人格，由於稜角非常多，整體形狀便會趨近於圓形。這麼一來，稜角便不再顯眼。

你絕對沒有必要總是要當個好人。所以，請根據對方的言行舉止、態度，改變自己對外呈現的樣貌。

8 是惡意攻擊還是好意指教，你的身體知道

我們必須了解，有些指責並非出自惡意，而是因為對方是真心為你著想，才出言訓誡。所以，有人是為了你好才開口指責，只是他的說法比較嚴厲。所以我們必須分辨出其中的不同。

在企業組織中，也有些人會說：「我是因為對你有所期待，所以才罵你。」這種人究竟是抱持大愛、真心想栽培你，還是單純因為個人私心，出言謾罵？

當他人對我們說嚴厲的話時，究竟該如何分辨那是惡意的攻擊，還是應該真心接受、有價值的指教？

這時，請感受自己的心與身體。因為人的身心會產生自然反應，你只要仔細觀察就好。

假設有人非常嚴厲的批評你說：「我都是為了你好，才對你說這些話。」但是，如果你的身體感覺疲倦，心靈也陷入極度沮喪的低潮，那麼我建議你把

這批評視為惡意的攻擊。**因為心靈和身體，就是我們最好的測試機。**

一位女性友人的丈夫，每次只要和公司前輩喝酒，必定發酒瘋。

那位前輩的口頭禪是：「你是我拉拔上來的，我是為了你好，才跟你說這些……」前輩就是使用「為你好」這塊遮羞布，以恩人自居的態度發動攻擊。

所以，丈夫只要和前輩一起喝酒，必發酒瘋。直到某一天，這位先生自己意識到這個狀況，從此再也不和前輩喝酒了。

到此為止，我們討論了面對言語攻擊，及發動反擊時的事前心理準備。在下一章，我們就要進入實踐的步驟了。

第三章

回嘴的藝術，不搏鬥、讓對方的襲擊落空

本書提供的反擊方式，並不是教大家如何與攻擊你的人，站在同一個擂臺搏鬥；而是教你如何一面保護自己，一面使對手的襲擊落空。讓你能平息緊張高漲的情緒，並讓同樣的狀況不會再度發生。

為了達成目標，你必須聰明的回嘴。換句話說，你**並非得學會爭贏的方法，而是學會不吵架、也不讓對方找你吵的成熟回嘴技巧。**

我相信在第一章中，針對不同的攻擊者類型進行分析後，大家已經了解這些人的心態。也就是說，無論是一句嚴厲的批評、挑撥的話，還是乍看友善的斥責……，在這些背後，都隱藏著許多情緒或背景。

即使遇到不同的對象，或是狀況改變，又或是攻擊性言語的內容不一樣，但回嘴技巧仍然不變。

我把這些技巧分為七種。根據各種不同的狀況，都有可使用的反擊「台詞」。無論對付怎樣的攻擊，當中的技巧必定能派上用場。

1 狠狠戳他，搶先把他的話說出來

照本宣科的複誦：
「你說〇〇是什麼意思？」

過度稱讚：
「你還真行啊！」

搶先一步：
「我知道，那件事情就是那樣嘛！」

表面上贊同：
「正如你說的，所以呢？」

會說諷刺、挖苦人的話，或是炫耀，在這些人的話語背後，其實隱藏著恐懼或羨慕，又或是蘊含想站在優越位置上的心理。對付這種心態的有效方法，就是反過來利用它。

比方說，你可以按對方說的話，照本宣科複誦一次。如果他說：「你頭腦真是不好。」你可以說：「你說『頭腦不好』是什麼意思？」

或是刻意的過度稱讚對方，**搶先一步把他要說的話說出來，展現出「我完全懂你的感受」**。

對付這種人，要像拿出一面鏡子照著他一樣，告訴他：「你抱著這種想法，不覺得羞恥嗎？」讓他意識到反映在鏡子裡的自己，並感到慚愧。

2 亂入到另一個話題，別認真搭理他

前言不搭後語：

「對了，今天早上的新聞……」

說自己想說的：

「說到這，你有看過那部電影嗎？」

當你想逃離讓人火冒三丈的話、挑釁的言詞或是無意義的毀謗等，這些令人不悅的對話時，**最好的方法不是認真搭理，而是把對話誘導到別的話題上。**

「說到這，對了……」像這樣，自然的打斷對話的流向，即使前言不搭後語，也要開始說些不相干的話，或是自己想說的。

這時，如果對方擺出高姿態，你也可以試著聊聊當天的新聞或天氣等安全的家常閒話。如果是友人或同事，可以聊休閒嗜好或是電視節目等活潑的話題，如此便能順利轉移對話的焦點。

明明你什麼也沒做，對方卻用負面話題打造擂臺時，千萬別站上去。藉由把話題引導到其他方向，就能讓自己既親切又有禮貌的，將對方從擂臺上請下來了。

3 這麼對付長輩、上級或奧客的襲擊

製造一面盾牌：
「你跟我說這些，我也不能怎麼樣！」
直接結束話題：
「我可以走了嗎？」
刻意稱讚他：
「比起這個，我覺得你那件衣服真好看！」

轉移目標型或是過去有陰影型的人，會對人發動毫無根據、且不講理的攻擊。而羨慕、嫉妒型或悲情女主角型的，則會說一些光聽就讓人覺得沉重，令人渾身不舒服的抱怨或壞話。

話說回來，這些都是不正當的譴責，或是答非所問的廢話。因此，除了讓自己避開矛頭以外，也沒有其他的應對方式。

你可以說：「你跟我說這些，我也不能怎麼辦。」**製造一面阻擋矛的盾牌，以毅然的態度，拒絕被當作攻擊的目標**。或是直接離開，讓對話結束。

如果是無法避開的對象，像是長輩、上級的話，有時候**刻意稱讚對方**滿有效的。畢竟沒有人討厭聽到讚美，而且一旦聽到有人誇讚自己，也會無法再去攻擊對方。

這種人因為抱持某種不滿，所以想攻擊他人。因此你只要稱讚他，讓他自尊心獲得滿足，以此消解心中的不平就行了。

4 激動的、大聲的，這樣化解打消

陳述冷靜的觀察：
「你冷靜一點吧！」
「你講太快了，可以麻煩再說一次嗎？」
以幽默的話回答：
「你的意見還真有意思（或真有趣）。」
手勢或動作：
張大眼睛、聳聳肩、面帶微笑。

會刁難他人的，基本上都是非常不幸且內心寂寞的人。

對付這種人，你可以拉大格局，心想：「這個人其實很可憐。」保持冷靜向下看的心情，採取明智的應對。

例如，對於非常激動、正在大吼大叫的人，你可以在冷靜觀察後發表感想：「請冷靜一下」、「你現在越扯越遠了……」、「你講太快了，可以麻煩慢一點，再講一次嗎？」

對於令人不愉快的發言，你也可以故弄玄虛，幽默的回答：「你的意見還真是有趣。」

或是使用一些手勢及動作，巧妙帶過話題。你也可以什麼都不回答，只是張大眼睛、聳聳肩，露出淡定的微笑來回覆。藉由這些舉動，展現出就算受到攻擊，也毫髮無傷的姿態。

如果你可以拉大格局，觀看整個局勢，就能避免與正在向前衝的對方正面衝突，也能使場面冷靜下來。

5 放大音量，讓周遭的人站在你這邊

大聲讓周圍的人都聽到：

「你這樣實在是太失禮了。」

「真是過分！」

搬出會讓對方恐懼的存在：

「這件事我已經和〇〇討論過，已經決定好了。」

所謂攻擊，就是在加害人與受害者之間發生的一種行為。如果加害人覺得其他人都沒有在看，攻擊便會越演越烈，無法煞車，而受害者只會越來越痛苦。

遇到這種狀況時，**你得把周遭的人都牽扯進來**。

舉例來說，你可以用大家都能聽到的音量說：「你這樣真的很失禮！」、「實在是太過分了！」這麼一來，在密閉空間裡的攻擊，會瞬間成為周知的事實。一旦曝光在眾人眼前，對方也無法使出什麼卑劣的手段。

但如果這麼做對方仍不收手的話，可以搬出一些會讓他害怕、恐懼的對象，並告訴他：「我明白了。我會向〇〇報告你現在說的話」、「我會和老闆商量」。如果對方太過分的話，請記得別試圖一個人去解決問題。

6 你先放下武器，警示對方別再「摳洗」*

直接而明確的表達情緒：
「你說的話讓我很受傷。」
佛心的一句：
「我實在不想討厭你，所以請你不要說那種話。」

*意為以言語挖苦。

許多人在回嘴時，都會不小心犯下一個錯誤：**當對方用言語發動攻擊時，你也拿出同樣的武器來應戰**。

如果對方說非常過分的話，而你也說難聽的話回應，這麼一來，場面就會變成永無止境的口頭爭執，而戰爭狀態也無法結束。

這時，你可以向對方表示：「我並沒有打算要攻擊你。」自己先放下武器，這也是一種值得嘗試的方法。

具體而言，可以直接說：「我真的很受傷。」進一步表示：「我並不想討厭你，所以希望你不要說這種話。」如果能這麼說，我相信無論對方再過分，都會湧上慚愧的念頭。

其實在這世上，碰到毫無防備的人，仍是死纏爛打、緊捉不放、持續抨擊的人，並沒有這麼多。如果真有這種人，那他就是不折不扣的虐待狂，這時請告訴自己：「這種人真是無藥可救。」並以一種憐憫的心態看待他吧。

7 你口氣不痛不癢，對方看好戲心態落空

露出燦爛的笑容：

「下次要一起出去玩嗎？」

以若無其事的表情帶過：

「嗯嗯。」

「是喔？」

跳脫上下順序或排名：

「我很幸福。」

喜歡攻擊人的，都期待看到對方受傷，或是憤怒的模樣。也就是說，他們抱著「希望你變得不幸」的想法。

在這時候，最好的方法就是用言語或態度表示：「就憑你這句話，我根本不痛不癢，一點也不在意。所以我完全不想理你。這種攻擊並不會威脅到我的幸福。」

就算有人對你說無理或諷刺的話，你也要笑得像太陽一樣燦爛，並轉移話題。或是說「嗯嗯」、「是喔」，以若無其事的表情帶過。

如果對方爬到你頭上，就以一種「這種上下關係，我根本不在乎」的態度來回應。

如此，若**應對方式背叛對方的期待，便能使其抨擊變得毫無價值。**

第四章

職場言語暴力，要反擊又不能壞了關係

職場上的同事、主管，乍看之下階級分明，但其實是一種非常不確定的人際關係。這麼說是因為，**同事雖然一起工作，但也是相互競爭的對手。**

因此，就算平常並沒有特別的比較心態，仍會潛在的感受到同事之間，近乎競爭意識的心理。而這種意識，如果因為某些契機而顯露出來，便會成為惡毒的言語攻擊。

另外，更不用說那些出自主管口中，偽裝成教育或指導的言語暴力了，我相信許多人都曾深受其害。

有的主管會以過分惡毒的話斥責部屬、有的則企圖掌控部屬、有些則會長時間讓部屬站在自己面前，滔滔不絕的說教……。這些對部屬的「教導」，其實都已經超過應有的範圍了。

但正因為主管對部屬是上對下的立場，也就讓人最想反擊，卻又無法回嘴。只是，如果因為這些事而受傷、喪失自信，導致自己無法工作，實在是得不償失。

那麼，我們究竟該如何四兩撥千斤的應付這些攻擊，並在**交手之後，仍然能在職場上維持愉快、舒適的防守位置呢？**

1 話中帶刺，你就一字不漏回問

無論在什麼地方，都有說話尖酸刻薄的人。

這種人在說完刻薄的話後，會露出悠哉的表情，看起來很愉悅，但聽者卻覺得胸口被人深深刺了一刀，無法輕易忘懷。

三十多歲的Ａ小姐，來我門診求診，她就是因為同事總是話中帶刺，讓她對職場上的人際關係感到相當困擾。

Ａ小姐的個性中規中矩，對於工作細節也會仔細確認。有一天，當她在檢查文件時，同事從她身後走過，並丟下一句：「妳還真是仔細，像妳這種人就叫做吃飽太閒沒事幹。」

Ａ小姐對同事說的話感到十分震驚，當下什麼也說不出來。其實，該同事做事很馬虎，負責的資料總有一大堆錯字或漏字，據說經常遭到主管警告。

Ａ小姐為此感到十分不甘心：「為什麼我要被那種人這樣說呢？」

事實上，隱藏在這些酸言酸語、話中刺背後的，是一種羨慕的心態。同事說「妳還真是仔細」，想必是對A小姐細心的工作態度感到羨慕。因為她知道，這是她自己做不到的事。她嫉妒這樣的人，並伸出攻擊的爪牙——這正是我們在第一章提到的羨慕、嫉妒型。

除此之外，在行為背後還有另一種心態，也就是自戀心理。她藉由這句貶低的話「妳還真閒」，企圖讓自己站在優勢。

而且，她可能還會暗自期待，期望藉這句諷刺的話，讓A小姐失去自信、無法好好繼續工作，如此她就能獲得比對方更高的評價。所以，這種行為還包含了利益得失的考量在內。這種人**誤以為，只要貶低對方，就可以提升自己的價值**。

當你面對這種酸言酸語，最好的反擊方法就是照本宣科的複誦對方的話。也就是，照對方說的，一字不漏的重複一次。如果對方說：「你怎麼這麼閒」，回他：「你說『你怎麼這麼閒』是什麼意思呢？」

像這樣，反問對方的話，藉此表達：「你說這種侮辱人的話，對我實在非常失禮。」

這麼一來，對方也會因為你的反應出乎意料，而感到困惑。如果遇到有人反問，他們當下根本答不出來。畢竟這些沒什麼內容或營養的話，完全出自於嫉妒與偏見的心態。

照本宣科的作戰方式，對所有令人不悅的話都相當有效。

把對方說的，一字不漏的重複

如果上司對你說：「畢竟你也不年輕了嘛！」你可以反問他：「你說畢竟我也不年輕了，是什麼意思呢？」如果女性友人說：「妳怎麼會買那種衣服啊？」反問她：「妳說那種衣服，是什麼意思呢？」

像這樣，只要把對方說的，一字不漏的重複，反問對方是什麼意思就可以了。

回嘴最重要的，就是必須直視對方的眼睛，冷靜提出反問。如果可以面帶微笑，以一種悠然的態度說出來，效果會更好。

或是你可以用一種不了解的表情問他：「我真的不知道那是什麼意思，可以麻煩你告訴我嗎？」這麼做，便能以參雜著幽默感的方式揶揄對方。同時也能表現出，比起會說這種無聊話的你，我可是更道高一尺、魔高一丈。

請在心中告訴自己：「我很清楚，反正你就是羨慕我、又嫉妒我。」

用這招！

「你說〇〇是什麼意思呢？」

2 對付偏見，用一句話讓他洩氣

在職場中，偏見幾乎瀰漫在所有組織當中，破壞著人與人之間的關係。「我運氣這麼不好，那傢伙卻老是可以得到好處……。」、「我的實力分明比較好，為什麼主管比較喜歡那個人。」

二十多歲的B小姐在公司擔任業務。她的業績還算不錯，卻有個煩惱。同部門的男性前輩，總是對她說帶有偏見的諷刺話語，讓她相當苦惱。

「像妳就可以用女性的身分當作武器，還真令人羨慕啊。」

「年輕女生就是比較占便宜。」

這些話讓B小姐十分氣憤，因為工作上的成績，明明是自己努力得來的。雖然前輩並不會妨礙她工作，但這種帶刺的話令她感到很不愉快，甚至讓她有時想到要去上班，就非常憂鬱。

如果有人只因為妳是女性就說：「女人就是能占便宜。」我相信許多女性都會為此感到氣憤。

雖然生氣，不過我認為B小姐大可安心，因為會說這種話的男性，其實是打從心底羨慕妳的。B小姐的業績很好，因此獲得主管的肯定，這實在讓前輩羨慕得不得了。這種人見不得別人好，同樣是抱著羨慕的心態。

但是，作為一個男人、又是前輩，他不想去認同或肯定B小姐的能力及努力。因為這麼做，等於是承認自己比不上人家。

「因為妳年輕嘛！」

「因為妳是女生啊！」

「妳只是運氣比較好而已。」

他說這些話，就是想把對方努力付出的成果、以及價值全都抹滅；這麼做，只是為了保全他的自尊。

遇到這種人，應該採取什麼應對方式才好？我認為可以用以下淡然的一句話來解決。

「是喔，原來如此。」

「呵呵。」

也就是**四兩撥千斤的無視他說的話。**

你不痛不癢，他就攻擊不下去

無論在什麼狀況下，發動攻擊的人，必定都期待看到對方受傷的模樣。如果你對這些挑釁，只是淡然的回應短短一句讓人洩氣的話，像「是喔」、「喔喔」、**「嗯嗯」**、**「是嗎？」**便能**表現出：我對你的話完全不痛不癢的態度。**

你也可以什麼都不說，只以動作或手勢來表達，例如張大眼睛、聳聳肩，擺出一副**「所以呢？」**的表情，也是一個好方法。

你也能用一種「是喔」的表情，露出滿足的笑容看著對方，這也不失為一種聰明的調侃法。這麼一來，對方無法得到他預計的反應，期待便會落空。

就算有人說令你不舒服的話，不需要感到生氣，這只是白費力氣。日文中有句俗語說：「有錢人不與他人爭吵。」就是說，擁有許多財富或資源的人，沒必要和他人起爭執。

在這例子中，Ｂ小姐就是有錢人；在現實，她是屬於勝利的一方，因此他人說什麼，都無須放在心上。

用這招！

「是喔。」

（以動作或手勢巧妙帶過）

3 自戀式的帶刺酸話，就讚他兩句吧

不管在哪個領域，難免有敵人存在。但有時候，明明你什麼都沒做，還是會有人莫名其妙對你產生敵對意識，想表現出「我比你厲害！」並與你一較高下。儘管你覺得莫名其妙，還是會因此感到心裡怪怪的、不舒服。

一位二十多歲男性，在公司有個與他同期的同事，經常刻意向他展現出「我很忙」的樣子，讓他覺得心煩。

「今天我在公司看到日出了！」（意思是在公司熬夜）

「唉，我最近都沒吃到老婆煮的飯。」（代表回家時間都晚得只能睡覺）

這些發言，其實都隱含著以下意思：

「上面可是指派了很多工作給我！」

「我是很有能力的，不過你看起來倒是滿閒的嘛。」

你也可以無視這種人，但同事對自己有如此扭曲的敵對意識，實在令人受

不了。

這種敵對意識，明顯來自於自戀心態。他想站在比周遭人更具優勢的地位，才會拐彎抹角的炫耀自己。

遇到這種人，只要把他當作是我們在第一章介紹，沒穿衣服的國王縮小版來看待就好。以不同的角度來看，你會發現他們其實還滿可愛的，所以只要坦率稱讚他：「你好像很忙呢，實在是太辛苦了！」如此一來，便能完美解決這個狀況。

對於自戀討拍的人，不管三七二十一，總之就是稱讚他，此舉非常有效。為什麼呢？

對方故意表現出很忙碌的樣子，就是希望看到你沉默不語、生氣焦躁，或是其他形式的沮喪反應，但你卻沒有符合他的期待，也就是說，你讓他知道他的攻擊，對你是沒用的。

除此之外，你不但沒有沮喪，甚至還以一種滿不在乎的表情稱讚他。這會讓他有一種竹籃打水一場空的感覺，而自亂陣腳。

也就是說，**回嘴的基本原則，就是不要做出對方期待的反應**。

如果能依照這個原則，多練習幾次，對方也會開始發現，無論他說什麼，都不會對你造成任何威脅，漸漸的，也不會再來向你裝忙。

「那麼忙真是辛苦啊！」

「你真的很活躍呢！」

「我們都靠你了！」

藉由稱讚對方，來讓他站不住腳。

用這招！

「你好像很忙，實在是太辛苦了！」

4 「你連這個都不知道？」你怎麼回應？

沒有什麼事，比狗眼看人低還讓人火大。「你實在是什麼都不懂」、「你是白痴嗎？」說這種話的人，會擺出一副彷彿自己什麼都會、什麼都知道的姿態，讓人十分惱火。

對這種人，應該採取什麼方式來應對呢？

一位二十多歲的男性，在公司老是遭到四十多歲的男同事，以高壓姿態對待，讓他每天都活在痛苦當中。

比方說，兩個人在交談時，如果年輕男性詢問：「那是什麼？」中年同事便會立刻用一種受不了的口氣說：「什麼？你都出社會多少年了，竟然連這種事都不知道？全世界的人都知道！」

的確，年紀較長，確實懂比較多事情，但並不需要用一種把對方當白痴的語氣說話。

這個中年同事總是表現得自己比對方優秀，也就是自戀。雖然中年男子和自戀，感覺是兩回事，但不管是誰，或多或少都有點自戀情結。

然而，仔細思考就能明白，中年同事實際上是處於相當不堪的立場。因為他雖然年紀比較大，但在階級上並非主管或上司，只是同事。以守備位置而言，他在面對年輕人時，並無法站在較有優勢的地位。

如果地位穩固，且能力上也有明顯的差異，能讓對方感受到「我的確比你高一階」的話，也沒必要刻意誇示自己有多厲害了。

越是半吊子的人，越想要炫耀，或是以狗眼看人低的對待他人。我們不妨想想，為什麼該同事一把年紀了，卻沒有升官呢？

想必他總是用「你懂我在說什麼嗎？」的態度，讓大家都對他反感，在沒辦法建立良好人際關係的狀況下，便活到這把年紀。換句話說，就是他自己樹立了許多敵人，又喜歡與他人對抗。

如果你認真看待這種人說的話，就太吃虧了。請用前言不搭後語的回應方式，讓他丈二金剛摸不著頭。**用完全不同的話題，轉移他的注意力。**

比方說，遇到老是話中帶刺的中年同事，或是住家附近的囉唆大嬸，這種麻煩的人物，就可以回：「對了，今天的天氣……」、「天氣預報明明說今天會下雨的……」。用一些風馬牛不相及的話題，讓對方無法再繼續說下去。

如果當時電視新聞正好在報導櫻花，也能用「對了，最近櫻花終於開了」來扯開話題。總而言之，打亂對方任性、自私的步調，以自己的節奏說話。

用這招！

「對了，今天早上的新聞說……。」

5 楚楚可憐的攻擊者，別回應她就沒招

我相信無論在任何職場中，都有一種人會讓你覺得：「唉，就是因為有他，讓我好討厭上班。」

這種人會散播出不愉快的氛圍。如果遇到這類型的人，應該採取什麼應對措施才好？

我遇過一位只要一想到上班，就會感到非常憂鬱的女性。

因為坐在她附近的同事，會在工作時說客戶壞話；有時還會發出不耐煩的「嘖」的聲音、甚至大聲嘆氣。光是坐在她附近，心情就很不愉快，沒辦法認真工作。

這種人屬於我們在第一章介紹的悲情女主角型，她的欲望總是無法得到滿足，**老覺得自己是世界上最不幸的人，被害意識相當強烈**，她會表現出「我很不幸」的氛圍，企圖獲得關注，希望大家「快來理我」。

除此之外，她們看到別人幸福快樂的樣子，還會無法容忍而感到憤怒，這種扭曲的情緒，導致她們經常到處抱怨。

由於她們有強烈的嫉妒心，因此只要有人遇到不好的事或災難，她們便會洋洋得意，認為他人的不幸就像蜂蜜一樣甜美。

在面對這種人時，許多人會做出以下的錯誤反應：

「妳怎麼啦？」

「是不是發生了什麼事？」

也就是表現出擔心的樣子，來關心對方。

但這麼一來，散發出「快來理我」的人，便會發揮本領，開始一股腦兒的傾吐自己的抱怨、煩惱。一旦你被她認為「這個人願意聽我說話，他會同情我」的話，就完了。

為什麼我會這麼說呢？因為要扮演悲情女主角，她必須有觀眾。請記住，予以理會，你便會被當作適合的觀眾。

無論對方說什麼，都一一給予回應的話，她的負面情緒便會逐漸侵蝕你。

所以，請乾脆告訴自己：「我無法改變她的負面想法」。首先，你根本沒必要改變對方，畢竟是她自己希望成為不幸的人，對這種人說什麼都沒用。

對付她們，最有效的方法就是不理。因此，你可以在心中喃喃自語：「如果妳想當悲情主角的話，隨妳。」、「如果一直嘆氣的話，可是會短命的。」重點是絕對別理她！

用這招！

（在心中說）
「既然這麼想當悲情女主角的話，就隨便妳吧！」

6 刁難你的，這樣回，得讓他覺得你更難搞

公司就是一個小型的競爭社會，有時會讓人面臨到，一個不小心，便會失去現在地位的嚴苛局面。現代社會已經是即使正式員工也無法保證安穩的世代。

正因如此，職場上會出現刻意刁難、試圖讓對方出錯，讓人遭到降職的惡劣工作者。

二十多歲的C小姐，在換工作後，對新公司的人際關係感到十分苦惱。因為有許多人在背後說她壞話，使她在公司被孤立。

如果遇到不懂的事去請教同事，對方只會丟下一句：「自己查！」如果留在公司加班的話，還會有人說：「妳就這麼想要加班費嗎？」因此，她每天都在問自己，究竟該怎麼做才對。

在公司**會被刻意刁難，同時也代表了你很能幹、能力很強。**

那些攻擊C小姐的同事，可能是看到她很能幹，因此而感到不安，害怕自己的地位將被取代，才會用各種小動作來欺負她。

這些人覺得只要攻擊C小姐，讓她因此受不了而辭職，自己在公司就能長保安泰。也就是說，他們一方面羨慕C小姐的工作能力很強，另一方面又相信，只要欺負她，自己就能得到好處。

如果你是很內向，或是不敢回嘴的人，很容易被這種人當作攻擊目標。所以不管怎樣，一定要說些話來反擊。雖然這可能會引發為爭執，不過對付他們，最好的方法就是：「你要來找我吵架，我就奉陪。」

比方說，如果對方說：「不會自己查嗎？」這時請不要摸摸鼻子，默默撤退，而是把話丟回去：「就是因為不會，所以我才問你。」

若對方說：「你就這麼想要加班費嗎？」請冷靜回嘴：「我並不是因為這種理由才加班的。」

或是有人說：「哎呀，畢竟是女人嘛，一定很快就會離職了。」妳要肯定且清楚的告訴對方：「我會一直做下去。」

無論對方怎麼說你，都要抬頭挺胸的反擊。如果一時之間不知道該說什麼，可以使用第七〇頁介紹的照本宣科法，反問對方：「你說的加班費是什麼意思？」、「畢竟是女人嘛，這句話指的是什麼？」

提出反駁後，別立刻逃離現場，反而要繼續待在原地。重點是顯示出強硬的態度，告訴對方：「無論你說什麼，我都不會動搖，也不會辭職。」這麼一來，漸漸的，對方也會覺得「這個人還真難搞」，之後便不會再把你當成攻擊的目標了。

沒錯，**讓對方覺得你是個難搞的人，是最有效的反擊方式。**

用這招！你來找我吵架，我就奉陪，讓你覺得我很難搞。

7 偽裝成說教的謾罵，先贊成再回問

我相信不少人都很喜歡自己的工作，但就是覺得主管很討厭。

我的病人中，有位工作者的主管就經常對他說教：「不要因為你是好大學畢業的，就得意忘形！」、「工作重要的不是學歷，而是經驗與直覺。」

看起來，主管大概對自己的學歷感到自卑。換句話說，他對年輕部屬的學歷羨慕的不得了。

又或是，他過去在升遷的競爭上，曾經被學歷比較好的人超前。因為有過這種辛酸體驗，而感到相當不快。因此，他便對與自己毫無關係的部屬亂發脾氣，我們可以將這種人歸類為過去有陰影型。

不管怎麼說，這種主管都只是在一人角力，徒勞無功。對這種沒內容的說教或是謾罵，我們該如何回嘴呢？

畢竟面對主管，我們沒辦法直接反抗，所以遇到這種狀況時，可以採取**表面上贊同**的方法。你可以表面上有禮貌的說：「沒錯，您說的有道理。」同意對方的論調後，再恭敬的反問：「所以哪裡有問題呢？」

這麼一來，便能讓主管有出乎意料的感覺。畢竟你已經先同意他的話，所以他也無從生氣，況且他只是抱持著毫無根據的偏見，所以當你問他是哪裡有問題，他也回答不出來。

用這招！

「您說的很有道理。所以是哪裡有問題呢？」

8 沒同理心的關心，一句堵死他臭嘴

職場上有許多不了解女性纖細心思的主管，很多事不該說出口，但他們卻不了解其中道理。

三十多歲的已婚女性H，曾被主管問道：「怎麼還不生小孩？」據說這個主管會若無其事的問未婚女性：「還不結婚嗎？」如果對方已經結婚的話，則改問：「怎麼還不生小孩？」

H小姐覺得，被人問這種問題，感覺像被貼上一種「女人就應該要結婚、生子」的刻板標籤，讓人很不舒服。

這種缺乏同理心的上司，又分成兩種類型。

第一種，就是他真的非常遲鈍；另一種，則是故意假裝遲鈍。

如果對方是真遲鈍，實在也沒有什麼應對方法，你只能用憐憫的眼神看著他，並告訴自己：「唉，我們是兩個世界的人，不會有互相了解的一天。」

若是另外一種、也就是裝作遲鈍的人，他們的目的就是想讓你感到困擾與難堪。

換句話說，這種主管其實心懷惡意，會故意說一些缺乏同理心的話；當他看到你困窘的樣子，就會很開心。在這世上，的確有人對於奇怪的事會感到快感，或許也可以把他們歸類為施虐者的其中一種。

他們期待看到對方尷尬，或是困擾的模樣，因此會刻意說些沒禮貌的話。如果你遇到這種人，也只能與對方保持距離。

但如果覺得保持沉默實在太不甘心，回嘴時，便需要一點幽默感了。

舉例來說，如果對方問妳：「怎麼還不生小孩啊？」妳可以這麼說：「那為了懷孕，我可以在準備懷孕這段期間請假嗎？」

重點就是要拉大格局，**站在比對方高一階的位置去回應對方**。你不需要正面回答他的問題，反而可以說：「您的意見真有趣，我會把這個問題寫在今天的日記裡。」讓對方摸不著頭緒。對於沒禮貌的發言，可以用「真有趣」這種，感覺像是懷有好意的話來回應，讓對方感到不知所措。

也就是說，對於這類言語攻擊，你要一面過招，一面用幽默感將他一軍。

說到這裡，我想起過去在電視節目上當特別來賓時，遇到同樣參加節目錄影的一位女性藝人，她的幽默感便讓我相當佩服。

當時主持人問她：「〇〇小姐，妳怎麼還不結婚呢？一定常常有人問妳這個問題吧？」她的回答是：「哎呀，應該沒有人想娶雜誌內頁的人當新娘吧！」這位經常出現在男性雜誌的寫真女星，反應還真快。

用這招！

「這個意見還真是有趣！」

9 愛提當年勇，你的反應得搶一步先

光是聽朋友不停炫耀，就讓人覺得夠無聊了，如果你的主管還是成天愛炫耀的人，真的會讓人不想去上班。

有位三十多歲的男性主管，非常優秀且獲得特殊拔擢、升遷。雖然他工作能力很強，但就是很愛炫耀。

「到現在為止，還沒有人可以超越我的銷售業績紀錄呢！」據說他會定期，而且是在沒有酒精助力的狀態下，賣弄起自己的當年勇。

由於他每次都會抓那些看起來很閒的部屬，對他們誇耀自己的豐功偉業，所以只要大家發現：「他又要開始了！」就會裝忙。如果不幸被逮到，有人甚至會藉口：「我有外務，得出去一下。」而這種主管，就是非常典型的沒穿衣服國王型。像這種自戀的人，自尊心非常高。所以在對付他們時，一不小心可能會引發相當嚴重的後果。

其實遇到這種人，我都很想告訴他：「真正有能力的人，是不會自己到處炫耀的。」不過如果這麼說，可能會讓他非常憤怒，甚至把你降職。所以在現實生活中，最保險的方法，便是拚命稱讚。

「您真的好厲害喔！」、「原來是這樣啊！」用這些話誇讚他。雖然有人覺得這樣捧人實在太辛苦，但只要附和一兩句，上司就不會下一些令你困擾的指令（例如降職、刁難）。

不過，一旦受人稱讚，不難想像，這種人可能會因此志得意滿起來，把英勇事蹟拿出來講個沒完。如果演變成這種狀況，我建議大家可以試著把對方要說的當年勇，搶先一步說出來。

主管若是一如往常的說：「我的銷售業績……」你可以搶先一步接道：「到現在為止，都還沒有人可以超越那個紀錄，對不對！」

你要表面上稱讚對方：「就是這樣對嗎？」、「您就是這麼做了對嗎！」然後搶先一步破對方的梗。

表面上看起來，你似乎很順從的在聽對方說話，但實際上卻是在委婉表達：「好啦好啦，這故事我已經聽過好幾遍了。」

如此便能縮短對方的長篇大論，也不會占用到我們的寶貴時間，實在是一石二鳥。而且，還能期待對方的反應。

不管怎麼說，經常炫耀自己的人，無論工作能力有多強，或是地位或職位有多高，以人品或人格來說，都不是多了不起的人。

用這招！

（搶先一步）「那件事情就是○○對不對！」

10 遷怒式的說教，提醒對方你搞錯對象

如果是為我們著想的說教，當然得認真聽，並記取教訓。但請不要忘記，也有很多人把說教當成一種攻擊手段。

儘管是面對不講理的說教，不少人卻只能默默忍耐、接受。

一位二十多歲的男性，他的主管就是說教攻擊的極端型人物。

比方說，主管說：「最近天氣變熱了呢。」部屬只是附和：「真的，最近變熱了！」沒想到，主管卻對他說起教來：「連這樣都覺得熱的話，等到進入夏天，就有你受的了。」這實在令人覺得莫名其妙。

除此之外，使用廁所時把環境弄得很髒、印表機的紙用完不補等等，所有大小事情也會一起拿來講。很多時候，說教的內容都是無從改善的事，因此讓人覺得主管只是在亂發脾氣。

如果分析該主管性格，可以發現他是屬於轉移目標型的人。

他們沒辦法在原本應該發洩壓力的地方正常宣洩，才會在別處尋找目標，意圖宣洩情緒。

而這個主管，可能就是累積著相當多不滿，而這種無法獲得滿足的欲望，又沒有釋放的管道，因此為了排解壓力，才會到處說教。

為什麼他會感到壓力呢？或許是因為中階管理職的立場，和更上層的上司產生衝突或摩擦。他無法直接對上面的人訴說壓力，所以才會找能讓他發洩的對象，把部屬轉換成原本的對象。

另一方面，這種人在家裡又是什麼狀況？妻子可能責備他「賺的錢太少」、「都不花心思在小孩身上」之類。所以就像在公司一樣，在家裡，他也是非常孤獨的。

面對這種愛說教的中年男子，我們應該怎麼應對？就是從平時展現出：我不會成為你的攻擊目標的態度。

如果因為別人的過失而被責怪，請不要默默承受，你得清楚告訴對方：「那並不是我的責任，是其他人的錯誤。」

如果你還是被責罵，更要主張：「因為這種事來罵我，根本沒道理。」、

「你這樣跟我說，我也沒辦法。」

主管在別人犯錯時責怪你，可能是因為犯錯的人是客戶，即使他想怪罪也沒辦法。所以，這種行為背後還隱藏著這樣的原因。

轉移目標型的人有一種特徵，會把矛頭指向最容易攻擊的對象。

近來，我們經常耳聞乘客對車站人員施以暴力，或是顧客要求店員下跪道歉的事例。這些都是瞄準最容易攻擊的目標，所做出來的行為。

這位主管也是如此，他就是看準「這傢伙絕對不會反擊我」，才說部屬。

為了避免遭受這種對待，一定要讓對方知道，你也是會回嘴的。

用這招！

「你這樣跟我說，我也沒辦法。」

11 不贊同他就激動起來，你要以慢制快

大家是否曾遇過一種人，他只要聽到反對意見，就覺得自己被否定，並產生異常的激烈反應。

一位四十多歲的女性主管，便屬於這類型的人。她在會議中，只要聽到和自己不同的意見，就會激烈駁斥，變得歇斯底里、非常亢奮，激動到連嘴角都要冒泡了。

其實周圍的人並不是想否定她的意見，但因為她每次都過於拚命反駁，導致其他人都不敢表達，而感到困擾。

這種主管，為什麼一被否定就會出現過度的反應，甚至變得很有攻擊性？因為他們缺乏自信，同時心理也沒有餘裕，無法從容的思考。

如果他們能感受到大家的尊敬，那麼，即使其他人提出與自己不同的意見，也不至於要如此激烈的辯駁。也就是說，這種人屬於國王型。

由於這個女性主管缺乏自信，因此只要聽到反對意見，就覺得自己的能力或人格都被否定了，而出現激烈的反應。亢奮的情緒，又會使自己更興奮，才會喋喋不休的辯駁。

遇到這種狀況，我建議可以暗示對方，讓她知道你已經看出她缺乏自信及失控的狀況。可以說：「哇~您現在很激動喔！」或是：「先冷靜一下。您現在的表情有點可怕。」

就像拿出一面鏡子，請對方看看鏡子裡的自己。因為對方非常激動，所以你更需要維持冷靜的態度，並試圖讓她也冷靜下來。

這位女性主管的狀況，除了因為對自己缺乏自信，一被否定就猛烈反擊之外，或許還有利益得失的理由。因為如果除了她之外，其他人都表達不出意見，這樣自己的看法便更容易被採用，說不定，這就是她的目的。

假設如此，為了不讓這種人占盡便宜，別因當下的氣氛而不敢表達，應該更勇敢把自己的想法說出來才對。

開會時，如果講話比較大聲的人，意見就能獲得採用，這個組織到最後一定會出問題。因為組織的決議與結果，不是因為意見內容優劣，而是被主張的激烈度所左右。

如果對方越說越快，且滔滔不絕的話，或許你可以說：「您講太快了，是不是能請您再說一次，說得慢一點呢？」當你這樣告訴對方，他就會像洩了氣的皮球一樣，清醒過來。

說話速度很快的人，自己通常沒有自覺。因為他並沒有考慮到要讓聽者了解自己，才會像機關槍一樣說話。這也是由於缺乏自信所導致。

用這招！

「您可以再說一次，說慢一點嗎？」

12 自己錯，要我揹黑鍋？有往來紀錄為證

職場霸凌有時可說是一種犯罪，嚴重的話還會發展為訴訟案件，讓人的心靈飽受侵蝕。

一位二十多歲的男性到我的門診求診。他有一天被主管叫去問道：「我之前叫你準備的資料，你做好了嗎？」

他回：「咦，不是說明天中午前完成就好嗎？」

接著，主管竟瞬間變臉，沉默了幾秒鐘後，突然大吼道：「明明就是今天！今天！你到底有沒有在聽別人說話啊？」

那時，辦公室裡有十幾名員工在場。之後，主管就當著大家的面，對他破口大罵。如果按照第一章的類型來分類，該主管屬於國王型的人。

如果這位來求診的男性所言屬實，可能主管是自己搞錯；也可能是他一開始就傳達錯誤的時間。

儘管如此，主管絕對不會承認自己的錯誤。正因為不想認錯，才會激動的

譴責部屬。因為他想把失敗或錯誤，怪罪到別人頭上，將自己的行為正當化。

當業績退步或者工作上出現過失時，這種主管會激動的責備部屬。因為他們不想承認自己判斷上的失誤，而歸咎於下面的人。藉由譴責他人，來主張「我沒有錯」。

這種人還會刻意在其他員工面前，嚴厲指責對方。因為他想讓大家覺得：「主管沒有錯，有錯的是部屬。」

如果放任主管這樣對待自己，以後他仍然會找你開刀。那麼該怎麼辦才好？這時，你一定要讓對方知道，如果他敢責怪你，難聽的話就會像迴力飛鏢一樣，回到他自己身上。你必須告訴他：「我不會讓你為所欲為，我也會反擊。」

如果事情太嚴重，你甚至可以說：「我會直接稟告董事長」，或是「我會去找勞工局」等，也就是搬出更上層的組織或負責人。

社會上有些只要攻擊他人便會感到愉悅的施虐者，如果你的主管是這種人，部屬確實不好受。我曾經認識一位三十多歲男性，也有這樣的煩惱。

他的主管，跟先前介紹的案例一樣，會在眾人面前大聲怒罵，甚至敲桌子、威脅他：「要我講幾遍才聽得懂啊！」

而且，即使有兩名部屬同時出現同樣的錯誤，他也會用比對另一人更嚴厲的口吻責備他。據說，他還會到處散播謠言，說這名部屬老是翹班不做事。

就像有人說，個性扭曲的人是無藥可救的一樣，想讓這種人改過是很難的。因為施虐者只要看到他人困惑的表情，或是失落、傷心的樣子，就有一股殘酷的喜悅。所以遇到這種人，絕對不要跟他扯上關係，明哲保身才正確。但如果他們是你的主管，也沒辦法不予理會。

如果不想成為施虐者的攻擊目標，你要表現出「我也會回嘴」的態度。舉例來說，你可以說：「**我都有記錄你說的每一句話**，你確定還要繼續說下去嗎？」讓對方感到不安。

或者是：「之後公司好像會安裝監視器。」即使是謊言也無所謂，總之就是要嚇阻對方，讓他知道，你不會任他擺布。

用這招！

「我再也受不了了，我會去告訴董事長。」

第五章

朋友圈，
要技巧性避開麻煩人物

我們的生活由許多不同的團體、關係所組成。除了友人之外，還有親戚、鄰居、家長會的往來等，有些關係並非出於自己的意願，但卻不得不參加。

一般來說，朋友之間的關係是彼此對等的，所以，朋友會說些無須客套、且不經大腦的話，但也因此會發生嫌隙；原因就出在因為關係親密，發言才會欠缺考量，造成彼此情緒化。

因為靠得很近，所以在遇到事情時，朋友也會被當作是比較的對象，容易產生羨慕或偏見這種複雜的情緒。

除此之外，親戚、鄰居、或是小孩同學的家長等，也屬於雖然棘手，卻無可避免，必須維持一定往來的關係。而在這當中，也有一些人特別與眾不同，或是自我主張比較強烈。

無論如何，再怎麼親密的關係，都得拿捏好分寸。

在一段關係當中，如果一方必須容忍、退讓的話，那麼這段關係便無法長久維持下去。假設往後仍必須和對方往來，有時你必須對微小的攻擊眼不見為淨；但當自己被攻擊到無法裝作看不見的程度時，以現實考量來說，不妨放棄這段關係。

1 朋友背後說你壞話，你得質問他

如果你發現平常感情非常好的朋友，竟然在背後說自己壞話，衝擊想必相當大，我相信許多人會因此沮喪。如果遇到這種事，該怎麼辦？

某位四十多歲女性，偶然得知公司同事在背後講自己壞話。壞話內容無關工作，而是說她「說話方式很奇怪，是個怪人」，同事甚至還會模仿她講話的腔調。

有人在背後說自己壞話，當然會覺得震驚，而且還是每天都必須面對的人，這使她非常困擾，不知道今後該以什麼方式與同事繼續相處。

在背後說人壞話的行為，通常都參雜了自戀、羨慕與嫉妒、以及利益得失這三種情緒。

自戀指的是，藉由在背後說壞話來貶低對方，讓自己擁有高人一等、高高在上的感覺。

羨慕與嫉妒則是因為對對方抱持欣羨的心情，可能因為對方比自己成功，或是比自己出眾；如果是女性的話，或許是覺得對方有自己沒有的優點，例如長得比自己漂亮等。

至於利益得失，則是這些人暗自期望藉由講對方壞話，破壞她在工作上晉升的可能，讓自己獲得更好的機會。

要對抗以這些心態而去說他人壞話的人，有一個很好的方法，就是表現出：「我已經發現你在背後說我什麼了。」比方說：「現在好像到處都在流傳一個不實的傳言，說你在背後講我壞話。」

使用這個方法時，重要的是告訴對方「有一個不實的傳言」；換句話說，要讓對方知道「我實在不敢相信你會做這種事」。

然而，你真正想讓他知道的，當然是「我已經聽到你說的壞話了」、「我已經發現了」。一旦聽到你這麼說，相信對方也會大吃一驚，便不會再說你壞話了。

或許有人認為，一旦進入以說別人壞話來建立情感的「群體」當中，從此就無法脫身。如果想逃離這樣的群體，自己便會成為被排擠的目標，變成下一次說壞話的主角。但是，其實群體也料到你無法脫身，因此會想盡辦法拉攏你，讓你跑不了。

有個概念稱為「霸凌的四層結構理論」，這是由日本社會學家森田洋司所提出。根據該理論，霸凌這種行為，並非只是由加害人與受害者建立起來的關係，除了這層關係之外，還有旁觀者＝視若無睹的人，以及觀眾＝在一旁敲邊鼓、起鬨、覺得有趣的人。

而**旁觀者的比例如果越高，霸凌就越可能發生**。所以，一個人如果想藉由在背後說人壞話，企圖將另一個人逼入死角的話，就需要有更多旁觀者。

雖然你並沒有在背後說人壞話，但在無意間，卻會成為視若無睹的旁觀者。

用這招！

「竟然有不實的傳言說你在背後講我壞話。怎麼可能會有這種事。真的很討厭欸！」

2 朋友圈就是閒話圈，另闢話題免傷感情

儘管自己盡量不去說別人壞話，但聽到別人說壞話，還是會心情不佳。問題是，我們又不能把耳朵摀住。如果對方不但講人壞話，還要求你對他說的表示贊同，又更讓人覺得棘手了。

D小姐的朋友，就相當喜歡說別人壞話。每次只要一見面，一定會聊起某些人的閒話，而且因為兩個人住得很近，所以接送小孩的路線都一樣。每次在接送小孩途中，D小姐便必須聽對方嚼舌根。

剛開始她並不想附和這些話題，但有一天，朋友卻問她：「欸，妳覺得那個人怎麼樣？」她回答：「我不覺得有什麼特別。」因為這個答案，讓她從此被這個朋友討厭了。之後，她便從別人口中聽說，這位朋友轉而向其他朋友，說起D小姐的壞話。

如果你遇到這種逢人便說其他人壞話的人；你得知道他們羨慕、嫉妒他人

的情緒很強烈。所謂羨慕、嫉妒，就是無法忍受他人比自己幸福而產生的憤怒。他們只要一看到旁人過得比自己幸福，便難以忍受，並開始說起這個人的壞話。

正因為有這種既羨慕又嫉妒的心情，他們只要一見到比較顯眼或外貌出眾的人；又或是另一半的薪水、工作都相當不錯的對象，就忍不住開始說起來。

應付這種人，其實相當困難。為什麼？因為如果你表現出同意對方的態度，他可能會到處宣傳：「那個人在背後這樣說你！」如果你不贊同他，處境又會變得和D小姐一樣。

那到底該如何是好？其實，最好的方法就是不跟這種人扯上任何關係。像這種到處說人壞話的人，一直在尋找會聽自己說話的對象。因此，如果你乖乖聽他說別人的壞話，便很容易成為攻擊的目標。

還有個更誇張的例子。據說，有一次，幼稚園的交通車抵達某棟大廈，接走幼稚園的小朋友。接著，送走小孩的媽媽們便聊起天來，竟然聊到孩子們都下課、幼稚園的交通車又把小朋友給送回來了，媽媽們還在原地。

所以，對付這種人時，你得果斷的結束話題，不要順著對方的話走。比方說：「哎呀，快遞就要送東西來了！」隨便找個理由離開現場。

如果手上剛好拿著手機，也可以藉口逃離現場：「剛才好像有人打電話來，可能是我婆婆，我先告辭了。」

如果每次都能像這樣迅速結束話題，對方就會覺得你很忙。只要他覺得「這個人都不聽我說話」，他自然會去其他地方尋找「聽我說壞話」的目標。

假如是像剛才的D小姐一樣，碰到朋友當面向你尋求附和時，可以回：「是嗎？我們先不說這個了。你們家小朋友，是不是又長高了啊？生男孩真是不錯呢！」

像這樣，向對方提起媽媽最關心的話題，如此也不會顯得不自然。這時，最好可以找到一些理由稱讚對方的小孩，這樣她不但不覺得可疑，甚至還會興致勃勃的聊起新話題。

為了擊退壞話，必須把對方引導到他更關心的話題上，除此之外，或許沒有更好的方法。而最合適的話題，就是找到對方最想被稱讚的地方，針對這點去讚美他。

雖然這方法可能會讓人覺得提不起勁，不過如果你能這麼做，至少對方就不會對你抱持敵意。與其同意對方說的壞話，這種方式更能維持精神上的和平，不是嗎？

用這招！

「先別提那件事了。妳身上穿的這件衣服很好看耶！」

3 鄰人說短道長，用笑容讓他自慚形穢

即使你能忍受他人的羞辱，但若是自己的孩子、另一半等，對自己來說相當重要的人被侮辱，任誰都無法忍受。三十多歲的E小姐就有類似的經驗。

某天，E小姐和先生一同出門，遇到住在附近的鄰居太太。當天，雙方僅簡單的打了招呼，但幾天後，E小姐再碰到鄰居時，對方竟對她說：

「妳先生怎麼跟我想的完全不一樣，嚇了我一大跳。而且還留著一頭長髮，真不像話欸。」

鄰居說自己想像的，是在銀行上班的男性，但E小姐的先生是自由業，並留了一頭長髮。E小姐認為，鄰居擅自想像別人的先生，又東說西扯那些，還強調自己被嚇一跳，實在很過分。

遇到這種狀況時，我們不妨先思考一下，為什麼她會這樣說。

或許是因為她發現E小姐的先生，比自己想像中還要帥氣，因此產生羨慕的心理。不過，她卻無法直接表達這種心情，因為這就等於承認自己的先生

「輸了」。所以，她才會用這些話來批評E小姐的另一半。

這時，該說哪些話來反擊對方？畢竟她是在羨慕或嫉妒妳，其實大可在心中暗自偷笑就算了，不過，自己重視的人遭到批評，難免想出口氣。

展現出「我就是比妳幸福，怎麼樣？」

這時，可以使用燦爛的笑容作戰法。也就是說，讓對方知道妳完全不受影響，反而還散發出幸福的光輝。比方說，妳可以露出燦爛的笑容，邀請她：「下次我們來舉辦烤肉活動吧！我先生都會準備喔！也請妳先生一起來吧！」

這樣可以顯示出：「妳的侮辱，我根本不放在眼裡，我先生對我來說就是最好的」；也就是：「我不知道妳實際上是怎麼想，但那和我沒關係。怎麼樣？我們很恩愛吧！」

有句話說，幸福就是最大的復仇。

將莫名其妙的羞辱或失禮的話堵回去，最好的辦法，就是讓對方看到自己幸福的模樣。請向對方表現出：「無論你怎麼攻擊我，我都不會受傷，我甚至根本不在意。我現在就是這麼幸福，所以你說的話我一下子就忘了。」

你不覺得能做到這樣的反擊，是相當帥氣的一件事嗎？

用這招！

「妳先生是什麼樣的人呢？下次介紹我們認識一下吧！」

4 不聽他的就排擠你，這種朋友反而好用

如果遇到喜歡掌控大局的人，只要方法恰當，這種人其實相當好用。比方說，夏季的露營活動、冬天的火鍋大會等，如果有人願意挺身而出、指揮大局，對我們來說是件相當輕鬆的事。

但如果遇到什麼事都非得按自己意思來才行的控制狂，也令人十分困擾。

有一位四十多歲的女性，平常就會參與志工活動，活動時遇到一個非常喜歡指揮大局的人，令她感到困擾。

這個人做事非常乾淨俐落，因此活動都相當順利，周圍的人也覺得很省事。但他總覺得自己想的百分之百都正確，所以完全不聽旁人的意見。如果有人想反對，他就會營造出一種「讓你無法在這個社區生存下去」的氛圍。

這位四十多歲的女性表示：「只要想到往後都要像這樣，不能違抗那個人的意思，就覺得非常鬱悶。」

根據我的觀察，自尊心過高的人可以分成以下三種類型。

第一種是因為想被稱讚，而不斷炫耀自己的稱讚型。
第二種是認為自己與眾不同，所以理應獲得特別待遇的特權意識型。
第三種則是像先前介紹，在志工活動中被視為問題人物的操縱、支配型。
喜歡操縱、掌控他人的，就是自戀情結非常強烈的人。喜歡掌控大局的，多半屬於這種類型。他們如果不掌控他人，內心就會感到不安，擔心自己的地位會遭到威脅，或抱著某種自卑感。

如果他們能感到自己被認同，或是受眾人尊敬的話，便會安心，也就不會去支配他人了。不過，如果是權力欲望特別強的政客型人物，又是另一回事。

所以，你可以拚命稱讚對方。「這真的是很棒的意見！」、「真不愧是○○，我們都比不上你。」、「實在是太佩服了！」盡量阿諛奉承、用馬屁來吐槽他。在這方法中，「過度」是重點，**藉由過度稱讚對方來揶揄他**。換句話說，也就是戲謔他。

用這招！

「你好厲害喔！」

5 說話死纏鬼打牆，症狀發作你就告辭

「我說的才對」、「我的想法才正確」……，有人會像這樣，強迫推銷自己的正確性。先不管他的言論究竟正不正確，但為了讓周圍的人接受，便強迫推銷，著實令人感到不悅。

對這種死纏爛打的人，該如何回嘴呢？

F先生家附近，有一位對倒垃圾意見相當多的中年婦女。儘管沒有人拜託她做這件事，她卻會每天監視鄰居倒垃圾，如果發現有人違反規定，就會像如獲至寶般跑去投訴。

而且，據說她還會擅自將別人家的垃圾打開檢查，一旦發現沒做好分類，還會拎著垃圾袋，跑到人家家裡警告。

F先生因為工作的關係，每天都必須很早出門，但總會在家門口被該中年婦女纏上，讓他上班老是遲到。

「寶特瓶的蓋子不可以一起丟」、「廢紙類的垃圾應該放在紙類回收」等等，每件事都一一提出「指教」，她最後甚至還會說，「真是沒常識」、「就因為這樣，所以雙薪夫妻真是要不得」這種過分的話。

F先生認為：「雖然我們沒有遵守規定，的確是自己不對，但有必要把我們說成那樣嗎？」

事實上，中年婦女就是前面提到的操縱、支配型人物，也就是，**必須透過掌控他人，來確認自己的存在價值**。

這種中年婦女都很孤獨。因為誰都不把她當一回事，加上平時也沒事做，所以她感受不到自己的優越感或存在價值。也因為如此，她才會找丟垃圾這種小事，要他人遵從自己的意思；藉由支配的行為，感受自己的存在。

所以基本上，你只要把這種人想成可憐人，並投以同情就好。不過，畢竟對方還是會為你帶來麻煩，所以一旦碰上，也不能這麼簡單就算了。

這時，你只好採取打烊關門的方法，告訴對方「我們已經要打烊囉」，果斷的阻絕對方。也就是說，迅速結束話題。如果對方滔滔不絕的唸個沒完，你可以說：「我下次會注意的。我可以走了嗎？」

如果對方還侵門踏戶來到家裡，就直接告訴他：「如果你要說的話已經說完了，麻煩請回吧。」

假使你認真聽對方說話，他便會認為你把他當作一回事。所以不管三七二十一，請儘速結束話題。

用這招！

「我可以走了嗎？」

6 說話糟蹋你，這樣逆轉形勢痛擊

先不論對方是否有惡意，如果他在眾人面前揭露你不想讓別人知道的事，或是說些失禮的話，都令人難以忍受。

這是實際發生在G小姐身上的例子。在公司有個年紀比她小的女同事，女同事平常個性看似沉穩、溫和，有時卻會說一些話，讓G小姐覺得被羞辱。

譬如，有一次她們一起在員工餐廳吃午餐，對方突然說：「G小姐，妳食量還真大。我都已經吃不下了。」

又有次，同事間正好聊到某位男同事的年齡，但女同事卻突然說：「說到這，對了，G小姐妳幾歲了啊？」彷彿是要刻意讓G小姐在大家面前公布自己的年紀一樣。藉由讓對方出糗，好讓自己感到優越。

這種行為，是自戀人士的伎倆，他們想展現出：「我的食量比妳小，所以比妳淑女、有氣質。」、「我比較年輕，也比較有魅力。」

當遇到這種對手時，你當然可以採取成熟的應對方式，以悠然的微笑，虛晃對方。不過有時候，還是應該給予正面的回擊，畢竟老是壓抑自己的情緒是不好的。

自尊心越高的人，越會否定自己的負面情緒。這種人不願意承認自己的怒氣或敵意、懊悔或不滿，但承認自己有情緒並非是一件壞事。

我認為平常就應該坦率接受、承認自己的情緒，並且適度的發洩，才是比較正確的做法。

每個人多少都會遇到想哭的事，也有感到悲傷的時候，若是把情緒都往肚子裡吞，是會因此產生心理疾病的。

面對這種人，該怎麼做才好？

畢竟對方在眾人面前讓你難堪，此時你也可以用大家都聽得到的音量說：「你真沒禮貌！」這麼一來，就能瞬間逆轉局勢。也就是說，要傳達一種：「包含我在內，所有人都覺得你很沒禮貌」的訊息。

要注意的是，如果你用小到只讓對方聽得見的音量說：「……你真的很失禮。」這樣就會變成是你在攻擊對方。所以，你得朝著四方大聲說：

「真沒禮貌！」

「咦，你剛才說什麼？」

儘管是同一句話，也會有完全不同的印象。

如果能讓大家都聽見，氣氛也就不會那麼尷尬。只要提起勇氣，相信大家都能做到。

用這招！

（讓周圍都聽得見）「真是沒禮貌！」

7 講話愛「騎」人，讓他知道自己無聊

有些女性，無論遇到什麼事情，都想表現出「我比妳厲害」的樣子。在日文中，這種女性被稱為「排名女子」（mounting 女子）。如果遇到她們，雖然可以告訴自己不要太在意，不過有時這種人真是讓人覺得生氣。

「我的胸部實在是太大了，都找不到適合的衣服穿，真的好煩惱。說到這，妳就很令人羨慕，那麼瘦，應該什麼衣服都能穿吧。」

「妳真的好會化妝、好厲害喔。像我就不太會化妝，所以都素顏。不過，我男朋友說我不化妝比較好看。」

據說就有這種人，每次只要見面，就會這樣跟朋友說，企圖顯示自己高人一等。當然，這些話乍聽之下彷彿是在稱讚對方，但其實都是在暗自炫耀：「我的身材比妳還豐滿！」、「我的臉不用化妝就很美了。」

會說這種話的人，就是自戀狂。她不管講什麼，都要表現出「我比妳高一

等」的態度，否則絕不罷休。她們想要炫耀，但又不想被人覺得自己在炫耀。

談到炫耀，十七世紀《箴言集》的作者拉羅什富科曾經提到：「一般來說，**人都是為了獲得稱讚，才去讚美他人的。**」

也就是說，當一個人在稱讚他人時，其實背後隱含了自己想被稱讚的欲望，除此之外，無其他動機可言。

對於這種喜歡爬到他人頭上的人，你可以用脫離排名鬥爭的方式應對。因為**你根本就沒必要加入這種空虛的排名當中**，你並不想站在比對方更優越的地位，也不想跟他爭勝負，這便是最明智的應對方法。

如果你身邊出現臉上寫滿了「快來稱讚我」的人，就稱讚他吧。

如果對方和妳說：「妳好瘦，真令人羨慕！」妳可以反過來告訴她：「可是我比較羨慕妳的身材那麼豐滿。這種身材絕對比我更受男性歡迎。」如此適度的吹捧，就不會出現不愉快的氣氛。

當身邊出現這種人時，你絕對不能假裝沒看見，不然對方有可能惱羞成怒，覺得你不上道。藉著適度的給予讚美，能讓你從這鬥爭之中脫身。

另外，還有這樣的例子。一位二十多歲的女性參加了同學會，見到好久不見的同學。在同學會上，卻有人對她說：

「唉唷，妳變胖了呢！是不是跟男朋友發生什麼不開心的事，所以就暴飲暴食啦？」、「不減肥的話，會被男朋友嫌棄喔！」

對付這種人，你不能用稱讚對方的方法，而要用另一招——展現幸福。

如果對方問：「妳是不是變胖了？」就回答：「呵呵，沒錯。其實是因為跟男朋友在一起太幸福了，我們經常一起去吃吃喝喝。」

假設對方說：「不減肥的話，會被男朋友嫌棄喔。」可以回：「不會啦！我男朋友就喜歡我肉肉的。」

「或許妳一直都很在乎那些排名或順位，不過我已經抓住幸福，脫離那種無聊的鬥爭了。」——妳得傳遞這個訊息，一棒子擊倒對方。

用這招！

「我就是因為太幸福，才會變胖！」

8 聊天話題只有抱怨，你用開心話題亂入

不管是誰，都有想抱怨的時候。但如果抱怨得沒完沒了，也讓人吃不消，但你又不能因此就捨棄這段人際關係。

一位女性朋友有個住在遠方的兒時玩伴。這朋友每天都會傳簡訊給她，向她抱怨自己的丈夫。簡訊內容大多是：「我先生喜歡賭博，所以根本存不了錢」、「他每天都說不想幹了，要把工作辭掉」、「我在考慮是不是應該跟他離婚」等等。

而她也會回覆一些寄予同情的話，但對方每天仍是抱怨不斷，她希望對方好歹也要知道分寸，不要一直傳簡訊來。

但是，為什麼這位友人會有這麼多抱怨？其實她就是在轉移對象。事實上，她應該有很多話想對自己的先生說：

「因為存不了錢，所以你能不能不要再去賭博了？」

「我不希望你辭職，請努力工作。」

她雖然想對先生這麼說，卻開不了口，因此才會轉移對象到朋友身上，向她抱怨。

那麼，為什麼她沒辦法向自己的先生說呢？說不定是因為，如果她直接說了，對方會對她施展暴力、拳打腳踢；或者是先生總以喝酒來抒發情緒；也可能她過去曾經抱怨過，但雙方卻起了嚴重的爭執。基於種種，她才沒辦法與先生溝通。

每天的不滿，就這樣累積在心中，沒有發洩的管道。因此，她才會想找一個人，來排解鬱悶的心情。

產生抱怨的原因，幾乎都是因為本人無法直接面對，造成自己憤怒或怨恨的對象，才會去找其他願意傾聽的人訴說，並將不滿發洩在他們身上。

話說回來，光聽人抱怨，也會產生不愉快的情緒。要怎麼做才能解決困境，不再讓人跟自己抱怨呢？方法就是，不要成為他們的目標。

通常會向外抱怨的人，不管對象是誰，只要有人願意聽他說話就好。也就是說，誰都無所謂。

因此，首先要做的，就是不要回應，不讓矛頭對準自己。如果不去回應對方，自然而然，他就會去尋找其他的目標。

假設是剛剛的案例，如果你收到抱怨的訊息，自認已讀不回不太禮貌的話，可以這麼回應：

「妳看過那部連續劇了嗎？還滿好看的喔！」

「我們家附近新開了一間還不錯的咖啡店，有沒有興趣？」

「昨天我帶我家的狗去美容，牠現在的造型超可愛的，等一下我寄照片給妳！」

總之，就是不要提及與對方丈夫有關的抱怨，回覆完全無關的事情。說自己想說的話，不做正面回應。

這時，你要盡量說一些正向、開朗的話題，這能讓一整天都沉浸在陰暗、憂鬱想法中的友人想起，這世上並非所有事都這麼不開心。請試著幫他摘下這副不幸的有色眼鏡。

當然，這方法不限於簡訊，在交談的時候，也可以這麼做。如果對方單方面的不停抱怨，你可以一面回答：「嗯嗯」、「是喔」，再接著說：「喔對了，說到這……」，開始聊自己想說的事。

不過即便你這麼做，難纏的人還是會把話題拉回自己身上，當他這麼做時，你就再把話題拉到自己想聊的事上。

重複幾次後，對方也能察覺到：「他大概不想聽我抱怨吧。」這個方法能讓你不需當面拒絕：「請不要再說了」、「我實在不想再聽了」，還能讓對方主動察覺自己的抱怨並不受歡迎，也不會使雙方關係產生裂痕，是最聰明的回嘴方式。

用這招！

（無視對方的抱怨）「對了，那部電影好像很好看，你看過了嗎？」

9 老是曲解別人的話，對他你得正經八百

有時候，你說的話並沒有惡意，卻遭到對方曲解，認為你非常過分。我相信許多人都遇過擺出受害者姿態的人。

Y小姐有個高中同學，才二十二歲就決定結婚。因此，感情比較好的朋友們便聚在一起，替友人舉辦了慶祝餐會。飯吃到一半時，Y小姐好奇問道：「可是我們都還那麼年輕，妳是怎麼下定決心要結婚的啊？」

或許是踩到對方的地雷，當朋友聽到Y小姐的問題，馬上變臉，並尖聲反駁道：「我高興幾歲結婚就幾歲結婚！」

原本高高興興的聚會，氣氛瞬間變得非常尷尬，誰也不敢再開口說話。

事實上，Y小姐並沒有否定朋友要結婚的意思，她只不過是出於好奇心而提問，卻被認為帶有惡意。

有人會像這樣，遇到一點小事，就擺出一副受害者的模樣。

不過話說回來，或許Y小姐自己也有問題。說不定是因為她很羨慕即將結婚的朋友，才故意這麼問。當然，即使她沒有惡意，也不是刻意攻擊，我們都必須了解，**很多時候，人的心意本來就很難百分之百傳達出去**。

人與人間有時會遇到無法互相理解的狀況，我建議你可以用和緩態度說：「其實我並不是那個意思。不過有時候，人與人之間的確滿難互相了解的。」

如果你沒有確實傳達自己真的沒惡意，對方就會一直扮演受害者的角色。所以，請明確表現出：「我不知道你為什麼會有那種反應，但我從一開始就沒有任何想要攻擊你的意思。」

這麼一來，對方也會察覺：「是我剛才態度不太好。」還會自我反省。

用這招！

「我並沒有那個意思。」

10 背叛你、傳你八卦的朋友，不要再往來

英文中，有個新創名詞「Frenemy」（敵友），這個字是由朋友（friend）與敵人（enemy）所組成，意指偽裝成朋友而做出攻擊的敵人。這種人在現代社會到處都是，如果被自己覺得信賴的朋友背叛，是一件非常受傷的事。

Ｈ小姐是一位大學生，她和同社團的朋友傾訴了有關男朋友的煩惱。因為對方十分善解人意，所以她便說了許多不會告訴別人的事。

但不久之後，「Ｈ和她男朋友快分手了」的傳聞，便在社團內傳開，最後甚至還傳進Ｈ小姐的男朋友耳裡。結果，男友跟她說：「妳好像到處在散播有關我的事，真過分！」便提出分手。

而朋友之所以到處製造Ｈ小姐與男友不合的傳言，正是出自羨慕又嫉妒的心態。她可能無法接受Ｈ小姐有男朋友。

說不定她還心想，如果Ｈ小姐被甩了，她就有機會成為男生的下一任女

友。也就是說，動機是羨慕、嫉妒，加上利益得失。

如果遇到這種「敵友」，就不要再往來了。但你最好下一個最後通牒，讓對方知道：「請不要再做這種事。我不會再相信你了。」

在所有人際關係中，有些關係即便終止也無所謂。如果你能察覺到「原來我根本不需要跟這種人來往」的話，心情也會比較輕鬆，像從牢籠解脫般，成為自由之身。

可能對方會威脅：「如果你不理我，對你沒有好處喔。」但無須將這些威脅當真，因為友情必須建立在信賴關係上。如果沒有信賴關係，這種友誼不要也罷，我甚至可以說，這是一段非斷不可的關係。

用這招！

「請不要再做這種事。我不會再相信你了。」

第六章

家人親戚的言語暴力，甚至比仇敵更狠

對我們來說，**家人是最親近、卻又最遙遠的存在。**父母、兄弟姊妹、夫妻——這些人和我們生活在同一個屋簷下，每天都會照面，但如果心意不相通，便無法了解對方，也無法得知他們對事情的感受。此外，人們常因「反正是家人嘛」、「反正是自己的爸媽」、「畢竟我們是夫妻」，便恃寵而驕，而對家人做出對其他人絕對不會做的行為。

在我的門診中，有許多對丈夫不滿的女性來求診。根據我的觀察，這些女性大致可分為兩種類型。第一種，是對丈夫的言行不滿、憤怒或是恐懼，但卻無法抵抗，只能默默忍受。長久下來，她們都不把這些情緒說出口，因此在心中累積鬱悶，最後把自己逼進死角。

而另一種，是「我把對丈夫的不滿說出來之後，現在兩人之間的關係就像戰爭狀態」的類型。我發現，**夫妻會陷入這種狀況，似乎可以歸咎於妻子在溝通時所說的話**。用「都是你不好」這種話來譴責丈夫，對方也會變得有攻擊性。溝通的最終目的，應該是促進彼此之間的理解，以建立更好的關係才對。

在與親近的人溝通時，切記，無論發生什麼問題，或是遭受什麼攻擊，都要想到你們是家人，今後必須相處下去。

1 爸媽的批評太過分，你放慢聲調回一句

母親與女兒之間的關係，總是比父親與兒子要來得複雜許多。有的母親會想盡辦法，讓女兒照自己的意思生活。女兒雖然希望能擁有自由，但又無法完全捨棄、違背母親的心意。我認為這個問題，從人類誕生以來，或許就一直存在了。

一位女大學生，每天都受到母親的言語攻擊。「妳又不是長得特別可愛，腦筋也普普通通。就因為這樣，才需要比別人更加倍努力啊！」「妳其他同學都考得很好吧？既然這樣，為什麼妳才考這麼一點分數？」

據說，母親的口頭禪是：「我是為妳好，才跟妳說這些。」而女兒也一直告訴自己：「既然媽媽都這麼說了，我只好聽她的。」但她其實早就受不了。「母親這種生物」，總是期盼自己的女兒能安安穩穩的度過人生。然而，

女兒卻想跨出母親預設的框架。為了防範尚未發生的問題或麻煩，便造成母親無論如何都想掌控、甚至直接支配女兒。

這種想法和行為，也隱含了一個訊息：「不要拋棄我。」

根據不同狀況，母親甚至還會傳達一種「妳不可以比我幸福」的訊息。

當母親總是對妳說一些過分、難聽的話，首先，妳要以態度或言語直接告訴她：「我很受傷。」因為媽媽們並不一定知道，自己說的話會傷害到女兒。既然她沒發現，就有必要要讓她知道。

那麼，為什麼媽媽不知道自己已經傷害到女兒了呢？**因為她們認為小孩是自己的分身**。她們覺得孩子是自己生出來的，是自己辛辛苦苦一手拉拔帶大；本來就應該聽媽媽的話，本來就要和自己有相同的想法。

換句話說，以母親的角度來看，她會以為「我當然跟女兒想的一樣」。她根本不會想到女兒很受傷，甚至還會煩惱為什麼兩人總是無法互相理解。

那麼，站在女兒的立場，又應該怎麼開口？其實，不妨直接告訴母親：「妳這樣說讓我很難受。」畢竟，媽媽比較難察覺女兒是因為自己的話而受傷，因此光這麼說，就有一定程度的效果。

妳甚至可以反駁：「媽媽，或許我真的考得不夠好，但說不定這是遺傳啊。」有時如果不用強烈一點的方式回嘴，可能很難讓對方理解。

無論是怎樣的母親，也都曾經有當人家女兒的時候。媽媽們過去在做女兒時，或許也曾遭到她們的母親，說過相同的話，或是受到同樣的對待。但她們卻忘記自己過去的經驗，而沉浸在母親的身分中，成為一名攻擊者。

這就是精神分析家佛洛伊德的女兒安娜・佛洛伊德所說的與攻擊者同化。一般來說，當自己遇到不愉快的事情時，不會以同樣方式去對待別人。但有人卻會做出同樣的行為，藉此去克服當時感到的不安或無力感。

這其實就和被霸凌的孩子，可能轉向去霸凌其他孩子一樣。母親與女兒的關係，便是重複了這種模式。如果想阻絕這種狀況，就必須要有勇氣清楚傳達：「媽媽，妳對我說這種話，我非常痛苦，也非常受傷。」

用這招！

「媽媽，妳說這些話真的讓我很受傷。」

2 如何掙脫你不想要的父母安排？

說到父母干涉子女的例子，放眼古今中外，不勝枚舉。我們甚至可以說，無論怎樣的家庭，都有這種狀況，這是相當普遍的問題。

一位女性，因為男朋友的事，令她相當煩惱。她表示，媽媽不經過她的同意，就擅自聯絡她男朋友，除了跟男朋友說「我女兒很不會做菜，而且也不喜歡打掃」、「她說她想要跟會照顧自己的人結婚」、「你要好好對待她」等，甚至還會拜託他：「請不要跟我女兒說我有打電話給你。」

女兒知道這件事，便向母親提出抗議，沒想到媽媽卻反駁：「我這麼做是因為擔心妳。」、「全世界就只有我會為妳著想。」

這個母親，表面上扮演著為女兒著想的媽媽，但實際上，她只是希望自己不要被拋棄，她在釋放出「不要把我丟掉」的訊息。

正因為母親害怕會被如此珍視的女兒拋棄，所以才試圖去破壞她與男朋友之間的關係。

如果想逃離這種掌控，妳必須明確表達「我不是妳的分身」。假如不做任何表示，母親就會永遠誤以為自己的行為是對的。

這樣的案例，女兒和兒子受到的對待又有所不同，我們來看看兩者之間的差異。

如果是女兒，母親的情緒是想支配、掌控。若是兒子的話，母親不希望兒子被其他女人搶走，所以才會提早門禁時間等，讓他沒辦法與其他女性交往。

有位二十多歲的男性，他也因為母親的干涉而煩惱。

當他開始找工作時，媽媽就拿出十大優良企業的排行榜，要求他必須在這當中選擇一家就業。當他反駁：「我會自己決定自己要做的工作。」卻反被母親責備：「我都是為了你好，才去幫你調查的。」

母親對兒子干涉與掌控的例子也非常多，因為母親對兒子有強烈的母子同體感。

雖然前面已經提過，但我還是要再說一次，母親都認為自己的孩子，就像自己的分身。因此，她們認為小孩本來就應該和自己有相同的想法，也希望小孩能按照自己的意思行動。

對於這種母親，你必須明確表示：「我和妳是不同的個體。」要讓她清楚明白：「妳或許這樣想，但是我和妳不一樣。」

用這招！

「我不是妳的分身。」

3 另一半的家人愛嘲諷，你就搬出另一半

婆媳之間的問題，雖然自古以來就存在，卻沒有隨著時代進步而改善。在每個時代，女人中間都夾著一個男人。媳婦雖然沒辦法對婆婆說什麼強硬的話，但有時又覺得不吐不快。

一位四十多歲的女性，帶著伴手禮回婆家，卻被婆婆嫌棄：「明明就有更好吃的禮盒。」、「真不會挑禮物。」

除此之外，她在婆家做菜也被批評：「這跟我們家的味道完全不一樣。」、「妳都讓我兒子吃這種東西嗎？未免也太可憐了吧。」

對這個過分的婆婆，她希望有一天能報一箭之仇……。

事實上，媳婦與婆婆之間本來就是夾著一個男人的三角關係。以婆婆的角度來看，最親愛的兒子被媳婦搶走了。她們覺得：「小時候他明明說長大以後要跟媽媽結婚的，現在居然被那種女人給搶走，實在不甘心！」

所以，無論媳婦有多好，婆婆都會忍不住想找碴，在雞蛋裡挑骨頭。因為

從一開始，她們就打定主意，無論遇到怎樣的媳婦，她們都要抱怨，並做出「妳不及格」的評判。

在我們介紹的案例中，婆婆之所以抱怨媳婦，不光出自嫉妒心，也因為自戀心態。在群體當中，女性都想顯示自己位居上風。

然而，如果冷靜思考便可發現，其實媳婦才是真正的贏家。媳婦比婆婆年輕，就生物面來說，媳婦絕對勝過婆婆。

在某種意義上，婆婆也知道自己是輸家。正因為理解到自己的敗北，所以才會在芝麻小事上，展現出自己高人一等。例如「我做的菜比較好吃」、「我教養小孩的經驗比較豐富」等。

仔細想想，這其實是很值得同情的。如果媳婦能察覺到這一點，或許也不會特別想去反駁婆婆了。如果妳還是覺得惱火、憤憤不平，可以仔細注視著婆婆的臉，並在心中告訴自己：「我才不像她一樣滿臉皺紋。」

如果非回嘴不可的話，我教大家一個最終手段。

婆婆嘲諷妳時，可以回答：

「真的嗎？可是那個伴手禮是我跟○○（丈夫）一起挑選的。」

「○○（丈夫）說我做這道菜很好吃。不過似乎不合您的胃口。」

也就是說，要**表現出丈夫是站在我這一邊的**。

婆婆是因為兒子，才和媳婦展開這場女人之間的戰爭。但如果妳能讓她知道，在戰場上兒子是站在媳婦這邊的話，婆婆就徹底沒轍了。

即使事實並非如此也沒關係，請把丈夫塑造成妳的盟友。婆婆來找妳麻煩時，就說：「不過，○○（丈夫）不太介意這種事。」

如果在某些事情的意見上，和婆婆產生對立，並遭到反對時，也可以說：「這是我和○○（丈夫）一起做的決定。」

但請注意，當妳在反駁婆婆的時候，請不要像在炫耀一樣。因為再也沒有其他東西比女人的嫉妒更可怕，不要因此影響到以後彼此之間的關係。

用這招！

「這是我和○○（丈夫）一起做的決定。」

4 別說「你媽」「你爸」，要說「我、我們」

對已婚婦女而言，公婆出手干涉家事，難免讓人感到厭煩、又棘手。雖然妳也可以不予理會，但婆婆不知道是不是太閒、沒事做，還會經常打電話來。

J小姐的婆婆，據說只要一碰到連續假期，就會打電話要他們回婆家吃飯。但是難得的假期，實在想好好在家休息，也想和丈夫兩個人出個遠門。不過，婆婆卻覺得兒子與媳婦本來就應該回家，而J小姐的先生對這點，似乎也沒什麼特別的意見。

J小姐覺得婆婆離不開自己的兒子，而丈夫也是「媽寶」，因此而感到憤怒。

不過在這裡，J小姐已經犯了一個很大的錯誤，就是她認為戀母情結是不對的，但其實**所有男人都是媽寶**。

佛洛伊德在《精神分析概要》中就曾經提到：「對男性而言，如何將自己性衝動的對象，從母親身上轉移，投射至現實血親以外的對象，是他們人生的課題。」

換句話說，佛洛伊德的意思是，**男人全都有戀母情結，而如何把對母親的愛情，轉移到其他女人身上，便是所有男性的課題。**

就連佛洛伊德自己也知道，讓男性脫離戀母情結，是件多麼困難的事。因為他自己就是戀母情結的始祖。

佛洛伊德的母親並非父親的第一任妻子，並且在年紀相當輕時便生下他，因此他從出生到死亡，幾乎都和母親住在一起。除了到巴黎留學兩、三年，離開母親身邊以外，其餘都一起生活。也就是超級媽寶。

當我說男性全都有戀母情結時，女性或許會因此感到嫌惡。不過，也有許多男性因這句話而感到救贖。

夫妻發生爭執時，當妻子責備丈夫：「你根本就是媽寶。為什麼我被你媽欺負成這樣，你就不能對我好一點？為什麼你老是站在你媽那一邊？」這時，男人便可反駁：「只要是男人，都有戀母情結。」他們甚至可以拿佛洛伊德的書給妻子：「妳看，這本書上都有寫。」

讓我們回到剛才必須頻繁回婆家的問題。其實婆婆只要看到兒子，問題便能解決了。

既然如此，妻子可以和丈夫分開行動，讓丈夫回婆家，自己自由活動。這麼一來，所有問題都解決了！

在這裡，我要給世上所有媳婦一個建議。當妳和丈夫商量有關婆家的事情時，千萬不可以說「你媽媽怎麼樣怎麼樣」、「你怎樣怎樣」，也就是說，**不要把婆婆或丈夫當成句子的主詞**。

如果是剛才的例子，「為什麼你媽每次只要一放假就叫我們回去？」、「媽媽難道不想讓我們休息嗎？」像這種說法就是錯誤的，甚至會讓丈夫覺得氣憤：「不准妳說我媽媽壞話。」這說法就像對有戀母情結的男性地雷區，發動突襲一樣。

換一種說法：「你覺得呢？比起跟我在一起，你比較想去找媽媽？」這樣說也不對。對男人來說，要他們在妻子與母親之間做抉擇，幾乎是不可能的事。再加上如果逼問他「你覺得怎麼樣」，男性會覺得是自己被責備。

所以，我建議遇到這種狀況時，把「我」當成主詞說話：

「難得的連續假期，我想在家好好休息。」

「我想和你有兩個人獨處的時間。」

即便妳對婆婆有負面的情緒或想法，也不要讓丈夫察覺。請不要否定婆婆，也不要否定丈夫，坦率表明「我」的想法就好了。

用這招！

「我希望和你有兩人獨處的時間。」

5 偷看你的手機？因為你沒給安全感

行動電話有許多個人隱私，如果搞丟的話非常麻煩。因此想當然，如果你的電話被偷看，感覺一定不會太好。

我的男性友人，據說他妻子就對他坦承，經常偷看他的手機。

「之前我假裝要去洗澡，再偷偷往客廳看，果然發現妻子在偷看我的手機。當我對她說：『不要再這麼做了。』她卻惱羞成怒說：『難道你有什麼東西見不得人嗎？』甚至還哭。」

我相信這位太太一定很清楚，就算感情再好的夫妻，仍然必須尊重彼此的隱私。那為什麼她還是要偷看先生的手機？

或許是出自害怕被拋棄的恐懼。她怕丈夫有外遇，自己會被捨棄。說不定在過去，她曾經有被男性拋棄的經驗，因此留下了陰影。為了避免遭受和過去相同的傷害，所以才會做出這種行為。並且，**越是缺乏安全感的人，掌控欲就越強。**

丈夫該如何與這樣的妻子相處？以長期來說，你必須殷勤的對另一半表達你對她的愛，替她抹去有可能會被拋棄的不安全感，並讓她感到安心。

同時，你也必須讓她知道：

「就算我們是家人，還是必須彼此尊重。」

「如果我對妳做出相同的事，妳也會不開心吧。」

畢竟，魯莽的互相侵犯隱私，實在不是件能容許的行為。

用這招！

「希望妳能尊重我。」

6 老是惡言相向，你的回話不能中計

我相信，不少女性都曾受過丈夫或男朋友的言語暴力。

K小姐也是，她平常就會被丈夫惡言相向，令她覺得活著是一件很辛苦的事。只要發生一點小事，丈夫便會對她大吼大叫，甚至還會亂丟東西。但是他並不會使用暴力，甚至還會強調：「我從來沒有對妳動手過。」

他會怒吼：「自從跟妳結婚後，就沒遇過一件好事。」這讓K小姐感到十分痛苦，但為了孩子，只能隱忍。

這種丈夫是轉移目標型的人。因為他在外面的欲望無法得到滿足，只能回家對妻子發洩。除此之外，他還把生活諸多不順的責任，全都推到妻子身上，藉由這種行為，來轉嫁責任。

行為背後可能還牽扯到利益得失。或許是先生有了外遇，為了不被發現，才用這些話來掩飾，藉由口出惡言，來讓妻子受不了。如果最後是太太提出離婚，他便可以在不必支付贍養費的條件下，和其他女人結婚了。

丈夫強調「我從來都沒對妳動手過」，可能就是因為他知道，如果施暴的話，談離婚將對自己不利。如果夫妻之間已經走到這種地步，或許該找長輩商量如何協議離婚了。不過在這之前，必須重新思考雙方的責任。

請記住，「是你選擇我作為另一半，而選擇你為另一半的也是我。既然我們選擇了彼此，就應該要努力和睦相處」。當發生不愉快時，請讓對方了解這個道理。

用這招！

「是你選擇了我喔。」

7 配偶常常貶低我，這樣回嘴改他惡習

有許多女性長期受到丈夫的惡言、心理上的貶低、不當的對待等不公平的待遇。

「家庭主婦真是輕鬆。」我認識的家庭主婦Ｌ小姐，她先生就經常這麼說，讓她十分無奈。

「在我去上班的時候，妳都可以在家睡覺，還真幸福。」

「妳有時間可以跟小孩玩，真讓人羨慕。」

接著，就連孩子們也受到影響，會對她說：「媽媽，妳都不用去學校，也不用上班，好好喔。」令Ｌ小姐感到非常難堪。

這段婚姻生活並不是才剛開始，她之所以成為專職的家庭主婦，也是經過丈夫的同意。既然如此，為什麼丈夫又要對妻子說這些話呢？這種人也是轉移目標型的人。

說不定丈夫是因為在公司被上司責罵，或在公司的地位受到危及，因此累積了許多不滿的情緒。原本應該對上司表達反駁之意，但他又不能這麼做，只好回家把脾氣發洩在妻子身上。

除此之外，或許丈夫還有自戀情結，**藉由貶低**妻子，**重新確認自己的價值**。

這種人在外面，經常被迫處於某些人的下風，因為事情無法按照自己的意思進行，個性才變得暴躁。事實上，他其實是想找人傾吐這份不安，想找到可以依賴的人。但男性的尊嚴，卻不允許他做出如此軟弱的行為。

所以回到家，便會以一副高傲、了不起的態度說：「還不都是我出去賺錢養妳的。」而且，他會主張：「是我在供養妳，所以我比妳了不起，妳凡事都應該聽我的。」

我們並非無法理解男性的辛苦，但這也不能當成一個理由，將口吐惡言合理化。

面對這種人，應該怎麼做？舉例來說，我建議妳可以說：「那不然，你要負責家裡所有的家事，讓我出去工作嗎？其實還滿辛苦的。打掃、洗衣服、煮飯，你要不要做一次看看？」

換個角度，如果丈夫是上班族，妳也可以說：「你每天只要去公司就有薪水領，真輕鬆。」不過，這麼說，心情上雖然會舒坦不少，卻也有可能火上加油，使對方回擊「妳有什麼了不起的」、「妳懂什麼」。

所以，當丈夫口出惡言、瞧不起妳、遷怒於妳時，請告訴他：

「我並不想討厭你，所以請你不要再說下去了。」

「竟然說這麼過分的話，你能站在我的立場想一想嗎？」

當妳因為對方說的話受傷時，有必要確實傳達自己的感受。除此之外，還必須表現出「儘管如此，我仍然不想討厭你」的態度。如此一來，情緒焦躁的丈夫，心情多少也能變得比較平緩。

這時候，如果能讓丈夫說出「其實我也說過頭了」，或許妳也能比較寬容他。**因為丈夫只是搞錯依賴的方式而已。**

「我並不想討厭你」——這是一句能替所有爭論或麻煩，畫下休止符的萬靈丹。

「因為陰錯陽差，我們站上吵架的擂臺，但因為我很重視你，所以我還是希望能和你維持良好的關係。我的目的不是互相傷害，我想與你愉快的相處。」——請務必傳達這個意思。

用這招！

「我並不想討厭你，所以請你不要再說下去了。」

第七章

回嘴，
是為自己的人生負責

1 太想當個好人，最容易被嗆聲

到上一章為止，我們已經討論了許多在日常生活中可能遭遇的言語攻擊，也介紹能派上用場的回擊方式。

然而話說回來，究竟容易被嗆聲的人，和不容易的人，有什麼不同之處？**容易被攻擊的人，基本上就是所謂的濫好人**。也就是說，很難拒絕他人要求的人，或是希望能被大家喜歡、被大家接受、想受歡迎的人。以精神分析學的角度來看，他們希望盡可能去滿足他人的欲望。

這類型的人在年紀還小時，通常是父母口中的乖孩子。因為他們非常希望獲得爸媽的寵愛，所以會想盡辦法滿足父母的欲望。他們總是很聽父母的話，處於被動的一方。而這種行為與態度，即便長大成人，也不會改變。如果你是這種人，就必須特別注意。

而不容易成為攻擊目標的人，簡單來講，就是會被旁人認為：「如果我攻擊他的話，應該會被報復吧。」

所謂霸凌，基本上就是欺負弱者的行為。無論是在學校或者職場，都有上下強弱的關係，因此也會形成一種強者欺凌弱者的結構。握有某種程度權力、力量的人，會去欺負沒有這些力量的人。

換句話說，容易被欺負的人，大多都是安靜、不太會反擊的人。

因此，如果被人攻擊的話，請表現出「我可是會反擊的」、「小心我以牙還牙」。有必要的話，在某種程度上虛張聲勢也無妨。重點是要讓對方認為：「這傢伙好像會反擊！」、「他似乎不是省油的燈！」

即使你並不想把對方擊倒，但也得回嘴，才不容易被當成是攻擊的目標。

除此之外，這些容易被攻擊的人，都有鑽牛角尖的傾向。

「那個主管一定很討厭我。他說不定恨我。」

「他這麼說，一定都是因為我太沒用。」

像這樣，他們很習慣接受對方的侵略性話語。本質上，他們其實是很認真的人。他們受的傷，可能比對方想的還多。也可以說，他們總是想太多。

如果你有這種傾向，希望你能轉換思考模式：「就算對方這樣說，我也沒必要把那些話當真。」

2 別以為當個好人，人生就不必這麼累

有些人會誤以為自己的價值觀等於社會衡量的標準，還會強迫別人遵循這套原則。而且，這種人經常攻擊他人。

面對這類型的人，有必要以「你的衡量標準是你的，和我不一樣」的想法，將彼此區分開來。這和我們在第二章提到，在對方與自己之間畫一條清楚的界線的道理相同。

越有攻擊性的人，越會強迫他人接受自己的標準或情緒。因為他們相信自己絕對正確。為了駁斥這種行為，你必須讓他知道，「你的想法和情緒跟我不一樣」。

正確答案不會只有一個。說得極端一點，大家認為「不可以殺人」是絕對正義，但如果是自己遭到攻擊，在快被殺害的狀態下，也很可能反手殺了對方，這卻是正當防衛。

所以，根本沒有「絕對正義」可言。

容易被攻擊的人，其實都沒有自己的一套標準，也就是我們前面提到的濫好人。他們經常配合大家，並且會看對方的臉色行事。所以乍看之下，他們似乎很為大家著想；但換個角度來看，他們其實根本無法自己做決定。

就連在面對人生時，他們也會用別人的標準來判斷、做決定。到最後，只能藉由滿足他人的欲望，來確認自己的存在感與價值。如果無法獲得他人的評價或認同，便感受不到自己的存在意義。

另外一種人，則是因為他們不想為自己做的決定負責，所以希望別人做決定。也就是無法說出，「這是我自己決定的事，我會負責」的人。他們長大之後，才會開始建立自己的衡量標準。

事實上，我在成長過程中，有時也會遵循著他人的標準做事。我從小夢想將來成為創作家、作家或記者，但為了順從雙親「希望妳成為醫生」的夢想，我進入了醫學院。

如果我能坦率面對自己的欲望，其實也可以進入文學院。但現在回想起來，當時的我或許是不想對未來負責。只要按照父母所說，去走那條能滿足他們欲望的路，就算不順利，或發生了什麼事，都不是我的錯。因為大家會認為這是父母的決定。

我相信許多年輕人都有這種想法，按照父母的指示活著。如果這麼做，人生一帆風順也就罷了，但如果遇到逆境，便無法面對這些失敗或困難。

沒有人會為你的人生負責，請務必了解這一點。

如果一直滿足他人的欲望，或許會讓人覺得你是個乖孩子、好好先生，也能因此受到大家歡迎。但是，如果你的人生因此被他人掌控、支配，每當他人說你什麼，就感到沮喪、傷心、難過，那麼受到傷害的，也只有自己。

3 如何成為「有自己衡量標準」的人？

要怎麼做才能擁有自己的衡量標準呢？

如果按照著他人的標準行事，過得都很順利的話，便很難察覺擁有自己標準的必要性。

以我自己來說，過去雖然曾被人稱讚，考進醫學院真厲害，心裡總覺得有個疙瘩，但也就這麼畢業了。然而，直到我正式成為醫生後，經歷了一次非常大的挫折。那時我才發現，已經不能再順從他人的欲望生活了。

其實，**要擁有自己的標準有個方法，就是努力拒絕他人的要求。**

就算只能做到稍微拒絕的程度也無妨。你不需要完全忍受對方的要求，不必滿足對方。基本原則來說就是：做不到的事情就勇敢拒絕、不想做的事情盡量不做。

如果你能提起勇氣實行這兩個原則，便能逐漸發覺「原來我是這樣想的」。也就是說，請不要再把滿足他人欲望，擺在最優先順位。

比方說，不講理的主管強迫你在明天早上，把工作全部完成，這時你可以提出：「如果是早上的話，實在是太趕了。是否可以把期限延到明天下午？」

如果朋友說：「要不要跟大家一起去爬山？」而你剛好又不太擅長這種活動，可以回：「我搭登山纜車，在上面等你們好了。」

畢竟在面對討厭或者不情願的事時，人沒辦法太努力，所以你根本不必勉強自己。

首先要做的，就是開口說：「可是我不太想去。」或是：「我沒辦法。」而不是沉默露出微笑，點頭答應。

4 理想太高，你才會有各種糾結，讓他人趁虛而入

容易被言語攻擊的人，對自己的自我評價其實相當低。

這種人經常為自己貼上「反正我就是做不好」、「反正我到最後還是會被罵」這類負面標籤。我們甚至可以說，他們在貼上負面標籤後，才能感到安心。

「像我這種人」、「反正」、「我就是會」……，如果你的口頭禪常出現這些字眼，要特別注意了。

事實上，像這種自我評價很低的人，許多都曾在過去與父母的相處上發生問題，或在學校或職場中遭到霸凌等，有過不愉快的經驗。當遇見這種人，我總是會告訴他們：

「我明白你過去曾經經歷的事。但是，你無法改變你的過去，或是他人的言行。我了解你憎恨你的父母、欺負你的同學，或討厭公司的主管。但過去無

法改變，如果你一直回想以前的事，並陷入憂鬱的情緒，這不是很浪費時間、也浪費精力嗎？

你並不是微不足道且卑微的人，而是富有魅力、有價值的人。要記得，幸福就是最大的復仇。如果一直沉浸在過去，是沒辦法得到幸福的。

你一定要變得比現在幸福，而且最好獲得成功，讓欺負你的人看見，這才是最好的復仇。」

我希望大家能記住，即使過去遇到不重視你的人，或是有人對你做出過分的事，並不代表以後所有人都會這樣。

無論過去有沒有這種痛苦的經驗，**對自己的自我評價過低的人，其實是因為對理想中的自己標準太高的緣故**。比方說，想像理想中的自己像模特兒一樣，身材好、長相漂亮、工作能力強，又非常受到異性歡迎。然而現實中，很少有這樣的人。

因為希望自己受歡迎、有許多好朋友等，抱著不切實際的幻想，但回到現實生活中後，發現自己並沒有那麼多好朋友時，才會因落差而感到沮喪。

如果你是走到哪裡都受歡迎的風雲人物，反而會因為經常受到他人嫉妒而煩惱；而工作能力強的人，也許在背後付出比旁人多好幾倍的努力也不一定。理想過高的人沒有想到這些，只會在心中描繪出美好的樣貌，然後讓完美的形象不斷膨脹。

近年來，年輕人特別容易出現這種傾向。

因為現代傳播媒體和網路的發達，讓大家能輕易接觸到各種事物與資訊。比方說，即便你不想看，卻還是會不經意知道：原來有這麼昂貴的衣服、原來這世上有這麼高級華麗的豪宅、那個有名的運動選手年齡和自己差不多，但他的年薪卻有這麼多……，這些例子不勝枚舉。所以年輕人才會在無意間，大大提高了自己的理想。儘管這種比較不會帶來任何好處，但仍會覺得「為什麼我只有這樣而已？」

如果不要老是去尋找自己缺乏的東西，而是給現在已經擁有的東西一些正面評價，我想你一定能活得更幸福。

5 不隱藏弱點，幫你篩選出誰是朋友

我聽過許多來求診的病患告訴我，在他們身邊沒有能訴說煩惱的對象。

當你在公司或學校被欺負，而感到煩惱的時候，找一個值得信賴、能聽你訴說的對象很重要。

不過說到吐露心情，其實自尊心越高的人，越難向他人傾吐煩惱。因為這種人並不願讓別人看到自己脆弱的一面。

「我很堅強，我很厲害。」如果一個人每天都這麼告訴自己，企圖克服心魔、度過難關的話，便無法向人暴露自己的弱點，也沒辦法和他人分享心事。直到有一天發生重大事件，他們才會像天要塌下來一樣，陷入谷底。

承認自己的弱點，或許是一件很困難的事，但卻是必要的。

真正堅強的人，其實是不會隱藏弱點的人。

舉例來說，如果你有孩子足不出戶、拒絕接觸社會與構築人際關係，你卻為此感到羞恥，也將此事隱藏起來不為人知的話，孩子就更難走出去接觸這個

世界。

這種足不出戶、拒絕與外界接觸的「繭居族」，大多來自醫生、教師等菁英分子的家庭。比方說，爸媽希望孩子當醫生，因此強迫他去補習、就讀以升學為重的學校，而有一天他突然開始拒絕去上課。而父母越是社會菁英，就越覺得這是一件羞於啟齒的事，既不和親戚說，也對鄰居隱瞞。這麼做，絕對無法改善或解決問題。

如果能不隱瞞，反而公開這件事，才是真正堅強的人。

話雖這麼說，但要做到如此坦然，必須累積一些經驗才行。如果可以試著對他人透露自己的煩惱或痛苦，並反覆練習的話，也會變得比較敢說。

重點是嘗試。也就是說，你不需要從頭到尾，完完整整的告訴他人。

「我最近還滿累的……」、「唉，實在有點痛苦。」像這樣，稍微不經意的提起就好。

但是，當你試著對他人吐露心情時，必須慎選對象。因為有些人喜歡到處散播聽來的事情：「那個人曾經說過這種話！」、「她好像跟她男朋友不合。」

喜歡到處傳話的以女性居多，不過也有些人對他人的不幸感到甜如蜜。所以，你可以藉由吐露訊息，來觀察對方的反應，並判斷對方是怎樣的人。

會趁機到處傳話，並引以為樂的人，基本上都是很不幸的人。

6 你可以擊退攻擊，但別指望改變對方想法

前面我們提到不少在反駁時，可以使用的話術，以及必須抱持的態度。

但請別忘記，就算你可以順利擊退對方的攻擊，也無法改變他的想法、個性或是人格本質。橫跨在你與對方之間，彼此無法理解的鴻溝，或許根本不會有填平的一天。

所以，最終無論如何，你都必須接受這種理解上的困難。

想法的差異、價值觀的不同、生活習慣的不一致……，**畢竟你與他人是完全不同的個體，所以產生的各種錯位，本來就是自然的。**

事實上，我每天都在經歷這些理解上的困難。比方說，就算我能以理智去理解患者的煩惱或悲傷，但我不一定能產生共鳴。

在日常的人際關係中，也經常發生這種無法理解彼此的現象。舉例來說，你覺得自己在為對方著想，因此替他做了某件事，但說不定，這對他來說反而是困擾。我相信大家應該都有過這種經驗。

如果你還是抱著他不可能不了解的幻想，只會讓自己痛苦而已。而能夠認清人與人之間，是無法完全互相理解的，才是正確的態度。如果你一直以來都認為，只要把話說清楚，對方就能明白，那麼代表你有必要轉換想法。

在這世上，有人支持你，一定也有人會反對你。請告訴自己，朋友和敵人大概各占一半。因為就算是看見相同的東西，每個人的感受仍然不同。

世上既沒有完美的父母，也沒有理想的朋友，更沒有完美的主管，這就是現實世界。所以即便你在心中描繪出理想的樣貌，並擅自緊抓著那個形象不放，甚至還把自己拿去做比較，都是毫無意義的。

人當然可以擁有「我希望自己可以變成那樣」的願望，但說穿了，這都只是幻想。就算你希望自己的爸媽非常有錢、又很溫柔，但實際並非如此的話，也只能接受眼前的事實。

有的男性主管在公司，會因為女性部屬散發出，「我覺得這麼做才是理想的主管」而感到為難。他們覺得部屬用眼神透露著：「你這樣行嗎？」

然而，或許這其實只是主管自己在心裡描繪的理想形象，並把自己拿去和心中的形象做比較，才會出現這些反應。

精神醫學上，這種心理狀態被稱為「幻想性期望的實現」。把自己的願望投影到幻想的理想形象，讓這形象在心中越來越根深柢固，一旦將理想和現實相比時，便會產生嫉妒或痛苦的情緒。

請試著去接受不完美的自己，試著接受人與人之間不可能完全互相理解。

終章
回嘴不是為了馬上分個黑白，是為了鎮靜下來

現在是凡事講求速度、效率的時代。但如果一發生問題，不管是什麼狀況，都要馬上解決，又有點太操之過急。

有時候，即使是難以忍受的臭味，只要經過一段時間，你便會習慣，不覺得難聞。所以遇到問題時，別急著解決。或許當下不採取任何應對措施，也不會怎麼樣。

交給時間處理，也是一種有效的解決方式。重要的是，你要告訴自己：「幸福就是最大的復仇。」

如果你想反擊抨擊你的人，最好的方法，就是入手幸福的人生。獲得成功、過得幸福，然後再回頭去看那些曾經攻擊你的人。

當你能這麼想，便會覺得：「即使我現在不報仇也沒關係」，並且能活得更輕鬆、從容。

現代人無論遇到什麼事，都想馬上分個黑白，但人際關係並非能分得那麼清楚。

就算你沒辦法回嘴、反駁，或是你嘗試反擊了，效果卻不如預期，你只要在未來過得幸福就可以了。

這麼做，能讓自己沸騰的情緒鎮靜下來，也可避免掀起不必要的風波。「雖然我不知道我現在是贏還輸，總之現在姑且這樣。」能這麼想，也是一種解決之道。

你一定要告訴自己，最終自己能獲得幸福就好。請厚著臉皮、堅強的活下去。我們的目的並不是要講贏對方。在一對一的關係當中，不論當下是勝或敗，都是微小、且短暫的。

人生還很長，讓自己變得幸福，才是最重要的事。

國家圖書館出版品預行編目資料

成熟大人回嘴的藝術：有人酸你、挖苦、打壓、諷刺你時，與其默默承受，你要走到對方面前這樣說…… / 片田珠美 著；郭凡嘉 譯
-- 初版 -- 臺北市：大是文化, 2016.08
面；　公分. --（Think；132）
譯自：賢く「言い返す」技術
ISBN 978-986-5612-65-8（平裝）

1.說話藝術 2.人際關係

192.32　　105010131

Think0132

成熟大人回嘴的藝術

作　　者　片田珠美
譯　　者　郭凡嘉
責任編輯　胡靜佳
美術編輯　張晧婷
副總編輯　顏惠君
總 編 輯　吳依瑋
發 行 人　徐仲秋
會　　計　許鳳雪、陳嬿娟
版權經理　郝麗珍
行銷企畫　徐千晴、周以婷
業務助理　王德渝
業務專員　馬絮盈、留婉茹
業務經理　林裕安
總 經 理　陳絜吾

出 版 者　大是文化有限公司
台北市 100 衡陽路七號八樓
編輯部電話：(02)2375-7911
購書相關諮詢請洽：(02)23757911 分機122
24小時讀者服務傳真：(02)2375-6999
讀者服務E-mail：haom@ms28.hinet.net
郵政劃撥帳號　19983366 戶名／大是文化有限公司
香港發行／豐達出版發行有限公司
Rich Publishing & Distribution Ltd
香港柴灣永泰道70號柴灣工業城第2期1805室
Unit 1805, Ph.2, Chai Wan Ind City, 70 Wing Tai Rd, Chai Wan, Hong Kong
Tel：2172-6513　Fax：2172-4355
E-mail：cary@subseasy.com.hk
法律顧問／永然聯合法律事務所
封面設計　張哲榮
內頁排版　張哲榮
印　　刷　緯峰印刷股份有限公司
出版日期　2016年8月
2019年2月27月初版十五刷
定　　價　280元（缺頁或裝訂錯誤，請寄回更換）
I S B N　978-986-5612-658